AF309122

FACULTÉ DE DROIT DE PARIS.

DES

SOCIÉTÉS ANONYMES

THÈSE POUR LE DOCTORAT

PAR

Marcel CHAROY

AVOCAT

Attaché au parquet de M. le Procureur impérial, à Orléans.

ORLÉANS,
IMPRIMERIE DE GEORGES JACOB,
Cloître Saint-Étienne, 4.

1868

DROIT ROMAIN.
DE LA SOCIÉTÉ EN GÉNÉRAL.

DES SOCIÉTÉS ANONYMES.

Ancien Droit français.
Droit intermédiaire. — Code de commerce. — Loi du 5 mai 1863.
Loi du 24 juillet 1867.

THÈSE POUR LE DOCTORAT

Soutenue le

En présence de M. l'inspecteur général Ch. GIRAUD,

Par Marcel CHAROY,

AVOCAT,

Attaché au parquet de M. le Procureur impérial, à Orléans.

PRÉSIDENT : M. BATBIE, *professeur.*

MM.

SUFFRAGANTS :

ORLÉANS,
IMPRIMERIE DE GEORGES JACOB,
Cloître Saint-Étienne, 4.

1868

A MON PÈRE.

———

A LA MÉMOIRE DE MA MÈRE.

INTRODUCTION.

Parmi les nombreuses transformations dont notre époque a été le témoin, il en est une qui a été fort diversement appréciée, mais dont personne ne conteste l'importance : je veux parler de cette révolution économique qui a bouleversé l'état et l'assiette des fortunes. La terre était regardée autrefois comme l'unique valeur : à la possession de la terre, le moyen âge avait attaché la puissance politique et la prépondérance dans l'État; c'est encore à la terre et à la terre seule que le XVIIIe siècle, dans son école des physiocrates, si ennemie pourtant du moyen âge, rapporte tous les principes de production et de richesse. On n'attachait de prix qu'aux biens immobiliers, et les jurisconsultes pouvaient dire avec raison : *vilis mobilium possessio*. Aujourd'hui, cette maxime, qui dictait encore aux rédacteurs du Code de trop nombreuses dispositions, se trouve complètement faussée par la marche des faits : pour s'en convaincre, il suffit de jeter un coup d'œil sur les fortunes actuelles, et il sera facile de voir que la partie mobilière de nos richesses n'est plus cette *res vilis* d'autrefois.

La raison de ce grand mouvement économique se trouve dans l'immense développement industriel et commercial qui a signalé notre époque. De nouvelles sources de production se sont révélées, et on a vu que si la terre seule fournissait les matières premières, le travail de l'homme leur donnait une valeur nouvelle infiniment supérieure à leur valeur primitive. C'est vers cet accroissement de richesses qui résulte du commerce et de l'industrie que se porte aujourd'hui principalement l'activité humaine, favorisée par les progrès de la science et ses merveilleuses découvertes. Les bénéfices énormes réalisés dans ce genre d'entreprises y ont attiré les capitaux de tous, et il n'est guère aujourd'hui de fortunes qui ne se composent, au moins en partie, de fonds placés dans de grandes compagnies industrielles ou commerciales.

Tout le monde voulut puiser à cette source nouvelle de richesses ; mais comme chacun ne pouvait être par lui-même industriel ou commerçant, il le fut par autrui, par l'intermédiaire des sociétés qui se fondèrent alors de toutes parts. Ces sociétés reçurent les fonds des particuliers pour les faire valoir : elles furent comme les canaux qui servirent à mettre les richesses inactives à la portée et à la disposition du travail ; et les capitaux se sont précipités dans cette voie avec un empressement souvent récompensé par le succès, mais aussi avec une irréflexion quelquefois punie par de cruelles catastrophes. — Réglementer ces rapports entre le capital et le travail, cimenter leur alliance, assurer à chacun, avec la sécurité, la juste rémunération de ses services ; prévenir les fraudes et, au besoin même, modérer les entraînements et empêcher les erreurs ; telle a été la pensée de tous en présence de cette nouvelle situation. Quel doit être, dans ces circonstances, le rôle de la loi? Quelle étendue peut être donnée à son intervention? Quelles sont les mesures justes, et quelles sont les mesures utiles? Telles furent les questions qui vinrent se présenter à l'esprit inquiet du législateur et du jurisconsulte.

Après de longs tâtonnements et des expériences plus ou moins heureuses, une loi récente vient d'offrir une nouvelle base aux associations. Il m'a semblé intéressant d'étudier, dans ce travail, la solution proposée à un si important problème : l'intérêt et la nouveauté du sujet m'ont fait perdre de vue sa complexité et sa difficulté si connues, et l'on pardonnera sans doute à mon inexpérience de s'être oubliée elle-même et d'avoir cédé à un tel attrait.

Je viens d'indiquer le rôle des sociétés dans l'organisation actuelle du travail humain et les forces immenses dont elles disposent de nos jours : avant d'arriver à ce magnifique développement, la société grandissant petit à petit, a eu à passer par bien des modifications et des accroissements successifs.

Le principe même de l'association est aussi vieux que le monde, et cela est si vrai que l'histoire du genre humain s'appelle aussi l'histoire de *la société*. L'homme abandonné à lui-même et à ses forces individuelles serait l'un des êtres les plus faibles de la création : le premier conseil qu'il reçut de la raison fut sans doute de chercher un appui et un aide chez son semblable. Certes, je ne veux point ici remonter aux âges primitifs et rechercher quelle fut alors la nécessité de l'association ; comment c'est par elle que l'homme établit son empire sur la nature et sur les autres êtres contre lesquels, seul, il ne pouvait rien ; mais il ne sera point inutile de remarquer que l'association est l'une des facultés essentielles et une des nécessités de la nature humaine. Les services qu'elle rendit à l'homme dans les âges primitifs, elle continue à nous les rendre aujourd'hui, et si nous ne le voyons pas, c'est que le propre des choses naturelles et nécessaires est de passer inaperçues.

Le contrat de société se retrouve donc chez tous les peuples et à toutes les époques. Mais si la société se rencontre partout et toujours, la forme sous laquelle elle apparaît varie avec les temps et avec les lieux.

Les Romains ne semblent pas avoir compris les avantages du contrat de société au point de vue commercial (1). Le type de la société paraît avoir été pour eux la *société civile universelle,* et son but la mise en commun des fortunes, bien plutôt au nom de l'amitié qu'en vue d'une spéculation. L'antiquité romaine nous offre cependant l'exemple de quelques grandes sociétés, telles que celles formées pour le recouvrement des impôts (2), pour l'exploitation des salines, pour les fournitures des armées (3). Mais dans toutes ces associations, quelque importantes qu'elles fussent, nous ne voyons point apparaître ce principe si fécond de la limitation de la responsabilité, soit absolue comme dans nos sociétés anonymes, soit même mitigée par la présence de gérants responsables, comme dans nos sociétés en commandite.

(1) V. la Ire partie, *Droit romain,* ch. Ier.
(2) *Societates vectigalium.*
(3) *Sagariæ* (V. TITE-LIVE, l. 23, 49).

Le moyen âge avait hérité de l'habitude des ligues et des associations politiques que les Germains semblent avoir toujours pratiquée : mais le commerce et l'industrie étaient à cette époque tellement abandonnés, que l'on y chercherait en vain l'exemple d'une grande entreprise. La renaissance, en faisant refleurir toutes les branches de l'activité humaine, découvrit un nouveau monde, qu'elle livra à l'ancien pour le coloniser et l'exploiter. De grandes entreprises maritimes nécessitèrent de grands capitaux, et je montrerai plus loin (1) comment de ce grand mouvement commercial naquit la véritable société anonyme.

Mais il semble que cet honneur était réservé à notre époque, de donner au principe de l'association toute son application et toute sa force. En prenant ainsi son dernier développement, la société retrouve quelque chose de sa simplicité primitive : elle s'applique de nouveau à faire de la nature l'esclave et la servante de l'homme. En face de chaque obstacle matériel, une association d'hommes s'unit pour en triompher. Les unes s'attaquent à l'obstacle qui, pour nos relations diverses, résulte de la distance : ce sont nos grandes compagnies de chemins de fer ou de transports maritimes; les autres veulent arracher à la terre les richesses qu'elle recèle : ce sont les compagnies pour l'exploitation des mines. Il en est une qui, dans ce moment même, cherche à unir deux mers et à ouvrir, à travers un isthme, une route qui deviendra celle du commerce du monde.

Dans une autre sphère d'action, n'est-ce pas encore la société qui, sous la forme des maisons de banque et de

______

(1) V. IIe partie, *Ancien Droit français.*

crédit, répand les capitaux et en facilite la transmission et l'échange ? Le commerce, qui travaille si activement à la satisfaction de nos besoins en mettant l'objet de consommation à la disposition du consommateur, ne peut prendre quelque extension sans recourir de suite à l'association.

On voit quels sont les immenses services rendus par les sociétés, et particulièrement par les grandes sociétés anonymes. Mais, il faut l'avouer, les spéculations auxquelles elles donnent lieu ont amené souvent de tristes résultats. La limitation de la responsabilité, base de la société anonyme, cette idée si féconde lorsqu'elle est appliquée de bonne foi, a été le prétexte de piéges sans nombre tendus à la crédulité publique. D'ailleurs, dans ces sociétés, les capitaux seuls étant engagés, les personnes cessent par là même d'être prises en considération ; elles peuvent dès lors se succéder avec une rapidité qu'exclut d'ordinaire, dans les relations d'affaires, la considération de la personne engagée. Il fallait donc, pour ce droit si facilement cessible par sa nature, un titre dont la transmission pût échapper aux formalités ordinaires de la loi relativement aux cessions de créances (1). L'action au porteur fut inventée. La valeur de ces actions dépendant de la position plus ou moins prospère de la société et des bénéfices plus ou moins probables espérés par elle, devait varier, et varia en effet, avec les mille circonstances qui peuvent accroître ou diminuer la confiance du public dans le succès de l'entreprise. Le spectacle de la hausse et de la baisse suggéra l'idée d'acheter des actions uniquement pour les revendre quand leur

____

(1) V. art. 1690 et suiv. du Code civil.

valeur aurait augmenté, ou de vendre au taux d'aujour-
d'hui des actions qui ne doivent être livrées que dans un
mois, de sorte qu'après la baisse on pût se libérer à l'é-
chéance avec une somme moindre que celle touchée lors
de la vente. Ces bénéfices réalisés sur des différences ne
constituent qu'un véritable jeu, dans le sens de l'art. 1965
du C. N. Les opérations par lesquelles on cherche à les
réaliser n'apportent à la société aucun capital nouveau dont elle puisse profiter, puisque les spéculateurs
ne laissent point leurs fonds dans l'entreprise et ne font
que réaliser les *différences*. Inutile et stérile pour le bien,
l'agiotage n'est fécond qu'en conséquences désastreuses :
il donne lieu à mille expédients pour produire des hausses
ou des baisses factices qui jettent le trouble dans les opérations sérieuses et en écartent, par la crainte même de
ces variations subites et dangereuses, bien des capitaux
prudents. Le bénéfice réalisé par le jeu n'est pas reconnu par la loi ; il est immoral, parce qu'il est *sans
cause* ; en effet, il ne répond pas à une valeur produite,
il n'est pas la récompense d'un travail fécond, mais le
gain d'un pari heureux. Il est donc acquis en dehors des
conditions qui, au point de vue moral et au point de vue
légal, constituent un bénéfice légitime ; et c'est avec raison que le monde, malgré ses faiblesses, n'a point, pour
les fortunes scandaleuses faites par un coup de bourse, la
même complaisance avec laquelle il salue ordinairement
le succès. Souvent, il est vrai, la spéculation détruit le
lendemain ce qu'elle a élevé la veille. Mais, malgré ses
dangers, l'agiotage n'en offre pas moins une voie singu-
lièrement facile et attrayante pour arriver à la fortune ;
et c'est ce qui détourne trop d'intelligences d'un travail
moins fertile peut-être en résultats rapides et brillants,

mais aussi plus fécond en récompenses durables et en légitimes satisfactions. Souvent, d'ailleurs, les richesses accumulées à la Bourse sont aussi mal dépensées que mal acquises : elles entretiennent ce luxe sans frein, qui semble avoir oublié la valeur de l'argent si facilement gagné. On ne peut nier ces conséquences de la spéculation au point de vue de la morale publique, lorsqu'on voit les désordres effrénés causés par cette fièvre de l'agiotage qui avait saisi la France en 1720, et dont elle ressent aujourd'hui comme un nouvel accès. D'Aguesseau (1) avait flétri, avec toute l'indignation de son âme honnête et de son culte pour la justice, les excès dont il était le témoin affligé : plus d'un trait du tableau qu'il nous trace pourrait s'appliquer à notre société moderne.

Si tels sont les funestes résultats auxquels conduit le développement des sociétés anonymes, faut-il donc les proscrire, ou du moins les renfermer dans un cercle de prohibitions, dans une sorte de camisole de force qui rendrait impossibles les dangereux mouvements de ce fou furieux ? Je ne pense pas, pour moi, qu'un pareil système soit praticable : il est facile de gêner les sociétés dans leur formation et leur développement, mais il est difficile d'atteindre, par ces mesures, des abus et des fraudes qui n'ont pas leur principe dans la société même. Attaquer les abus séparément, punir les fraudes, mais en laissant à la société toute sa liberté dans son centre d'action légitime, tel est l'idéal que l'on se propose et qu'a voulu poursuivre le législateur. La loi qu'il cherche serait, si l'on me permet cette comparaison, comme un tamis que

______

(1) T. X, p. 179 et suiv. — V. aussi les *Manieurs d'argent,* par M. Oscar DE VALLÉE, aujourd'hui conseiller d'État.

traverseraient tous les éléments féconds et utiles, et qui arrêterait au passage toutes les fraudes et toutes les corruptions. C'est là sans doute un principe plus facile à poser qu'à appliquer dans la pratique des faits; mais le but, s'il est difficile à atteindre, n'en a pas moins sa grandeur et sa moralité, et il ne sera pas sans intérêt de voir les efforts qui ont été tentés dans ce sens.

PREMIÈRE PARTIE.

DROIT ROMAIN.

Les jurisconsultes romains se sont tous occupés de la société, et cependant ce contrat ne semble pas avoir eu dans la civilisation antique l'importance qui lui appartient dans la nôtre. On croirait, en lisant les textes du Digeste, que les savants jurisconsultes ont plutôt cherché dans cette matière un moyen d'exercer leur sagacité que visé à un but pratique. Les relations entre associés leur présentent une situation complexe et comme un nœud compliqué qu'ils aiment à délier avec adresse. Mais tous les exemples qui font le sujet de leurs dissertations ne nous présentent (au moins quand il s'agit de *sociétés particulières*) que des associations sans importance. Tantôt ce sont deux individus qui, pour former un quadrige, apportent en société, l'un les trois chevaux qu'il possède, l'autre un seul cheval (1); tantôt ce sont deux professeurs qui s'associent *ut grammatica doceant* (2); ou bien une

(1) D., l. XVII, t. II, l. 58, pr.

(2) L. 71, pr. — La plupart des textes cités étant tirés du même livre et du même titre : *Pro socio* (l. XVII, t. II), je n'indiquerai le livre et le titre qu'autant que les citations seront empruntées à d'autres parties du Digeste.

société s'est formée entre deux voisins, parce qu'un arbre
ou une pierre se trouve s'étendre également sur les fonds
de chacun d'eux (1). A peine les services que l'association
peut rendre au commerce paraissent-ils avoir été aperçus
par les anciens : *Si pecuniam contulissemus ad mercem.
emendam* (2)... *ad merces emendas* (3)... Mais ce qui
prouve encore mieux que la rareté des textes le peu d'u-
sage que firent les Romains du contrat de société, dans
un but d'exploitation commmerciale, c'est une question
que se pose Ulpien (4), au sujet d'une société entre banquiers, *argentarii*. Deux banquiers ont formé une société (5) : l'un d'eux a fait une acquisition en dehors de
la société, *separatim,* et il a réalisé un bénéfice. On de-
mandait, *quærebatur,* si ce bénéfice devait être confondu
dans la masse. La question n'en serait pas une pour nous
qui sommes habitués à séparer la société des associés
eux-mêmes, et à reconnaître pour chacun d'eux une
caisse distincte de la caisse commune. Et cependant le
savant Ulpien doutait, et il fallut toute la sagesse de
l'empereur Sévère pour répondre : Ce que chaque associé acquiert en dehors des opérations de la banque, *quod
quisque tamen socius non ex argentariâ causâ quæsiit,* ne
doit pas tomber dans la masse, *id ad communionem non
pertinere.*

Ce qui, à mon sens, explique cette difficulté qu'avaient

(1) L. 83.
(2) L. 58, § 1er.
(3) L. 82, § 15.
(4) Ulpien vivait au temps d'Alexandre Sévère, c'est-à-dire à une
époque après laquelle les relations commerciales des Romains n'ont
pu que décroître.
(5) L. 52, § 5.

les Romains à ne point englober dans la société tout ce qui pouvait revenir à chacun des associés, c'est qu'ils envisageaient ce contrat à un point de vue tout différent du nôtre. Aujourd'hui, si l'on contracte une société, c'est avant tout pour *faire une affaire* : la société amène, il est vrai, une certaine communauté d'intérêts; mais son véritable but, ce n'est point de confondre deux patrimoines : c'est de former une masse qui, par l'importance des capitaux réunis, offre à la spéculation une chance plus favorable. Autrefois, au contraire, il semble que le but de la société était atteint lorsque l'indivision entre les biens des associés était produite. Aussi cette définition de la société : « un contrat par lequel deux ou plusieurs per- « sonnes conviennent de mettre quelque chose en com- « mun *dans la vue de partager le bénéfice qui peut en* « *résulter* (1), » est-elle toute moderne. Les Romains y voyaient, non une entreprise, mais une communauté en quelque sorte fraternelle, *affectione societatis incidimus in communionem* (2).... *cum societas jus quodammodo fraternitatis in se habeat* (3).

Cette remarque fait voir quelle a été la véritable portée du contrat de société chez les Romains. Le Code (4) nous parle bien encore aujourd'hui de la société de tous biens présents, de la société universelle de gains, et même de la société universelle de tous biens présents et à venir; mais de pareilles sociétés (en dehors du contrat de mariage, qui est un contrat tout spécial) sont aujourd'hui parfaitement inconnues en fait. Les Romains, au contraire,

(1) Art. 1832, C. N.
(2) Ulpien, 1. 31.
(3) L. 63.
(4) Art. 1836 et suiv., C. N.

semblent avoir envisagé la société comme une union intime entre diverses personnes qui, mues avant tout par un sentiment d'amitié réciproque, mettent en commun tout ce qu'elles possèdent; et c'est ce qui explique le *jus quodammodo fraternitatis* qu'on a voulu, un peu légèrement peut-être, transplanter dans notre législation.

J'examinerai donc le contrat de société en droit romain, non pas dans l'espoir que cette étude puisse faire un tout bien homogène avec le sujet principal de cette thèse, mais parce qu'avant d'étudier le contrat de société anonyme, qui n'apparaît pour la première fois que dans la législation de l'ancien droit français, et qui n'est tombé dans le droit commun qu'en vertu de la loi de 1867, il peut être de quelque utilité de poser les principes fondamentaux de la société en général.

CHAPITRE PREMIER.

DE LA SOCIÉTÉ EN GÉNÉRAL.

SECTION Ire. — CARACTÈRES DISTINCTIFS DE LA SOCIÉTÉ.

Les textes du Digeste ne nous fournissent aucune définition du contrat de société; mais il est facile de reconnaître que trois conditions sont nécessaires à son existence : d'abord le consentement des parties, ensuite la mise en commun de biens ou de valeurs quelconques, enfin un but commun.

I. Consentement. — Le consentement est la base du contrat de société, comme de tous les contrats en général : je n'ai point à rappeler ici que le consentement, pour être valable, doit être libre, c'est-à-dire non entaché des vices de dol, de violence ou d'erreur; mais il se pourrait qu'une convention parfaitement valable fût intervenue et qu'elle ne différât de la société que par l'absence de cette volonté spéciale, de ce consentement des parties à faire un contrat de société. L'indivision, qu'elle résulte ou non d'un contrat, amène une situation qui ressemble en tout point à la société, sauf que ce n'est point ce contrat spécial que les parties ont eu en vue : ce ne sera donc point l'action *pro socio* qui devra être donnée, mais l'action *communi dividundo*. Il peut arriver que ce consentement, qui n'était pas intervenu au moment même où l'indivision s'est produite, survienne après coup : il y aura alors une véritable société donnant lieu à l'action *pro socio*.

La nécessité du consentement fait encore que celui-là seul est mon associé, avec lequel j'ai contracté directement, *socius meus esse non potest quem ego socium esse nolui*. Qu'arrivera-t-il donc si mon associé a cédé tout ou partie de sa part dans la société? *Socii mei socius, meus socius non est* (1), répond le jurisconsulte.

II. La seconde condition pour l'existence d'une société est la mise en commun d'une valeur quelconque.

____

(1) ULPIEN, l. 20. — V. *infrà*, pour l'application de cette règle.

La société devant se terminer par un partage auquel chaque associé aura droit, dans une proportion qui sera déterminée tout à l'heure, il en résulte que si l'associé n'apportait rien, il recevrait sans avoir rien donné, c'est-à-dire que la société aurait été pour lui une véritable donation de la part de ses co-associés. Or, une société ne saurait être contractée dans un but de pure libéralité (1). Il n'y aurait donc pas lieu à l'action *pro socio,* et comme la donation, en dehors de toute translation de propriété par la tradition, ne constituait dans le droit ancien qu'un simple pacte, aucune action ne pouvait être exercée, en vertu de ce simple accord de volontés. Mais, depuis la Constitution de Justinien (2), qui est venue donner au pacte de donation toute la force d'un contrat, la donation résultant de ce consentement pouvait donner lieu à une action, si la formalité de l'insinuation avait été remplie.

Mais quelles sont les valeurs qui peuvent être mises en commun ? C'est généralement tout ce qui peut être l'objet d'une estimation. Outre les biens corporels et incorporels, on peut apporter à la société l'usufruit de ces biens ; on peut apporter encore son travail, son industrie (3), et même son crédit et son influence (4).

La valeur des apports faits par les associés peut varier à l'infini : mais, si minime qu'elle soit, l'associé n'en a pas moins tous les droits et toutes les actions qui dérivent du contrat de société. La valeur de l'apport, comme je le montrerai plus tard, n'est même pas prise en consi-

(1) Ulpien, 1. 5, § 2.
(2) L. 35, § 5 ; C. 8, 54.
(3) L. 6.
(4) *Vel etiam gratiam,* 1. 80.

dération pour fixer les parts de chacun dans la liquidation
de la société.

III. La troisième condition essentielle à l'existence de
la société est le but commun que l'on se propose d'atteindre.

J'ai dit plus haut que, chez les Romains surtout, ce
but n'était pas toujours de réaliser un bénéfice par une
spéculation; il peut se borner à la jouissance même des
biens mis en commun. Mais cette jouissance est le but
commun, et elle suffit pour qu'il y ait société.

Il peut arriver, au contraire, qu'une situation présente
tous les caractères d'une société, moins celui que je veux
faire ressortir en ce moment. Si par exemple deux individus ont acheté un fonds en commun, il y aura bien
société, si leur but a été de jouir en commun de ce fonds;
il y aura au contraire simple *indivision,* si les parties
n'ont pas eu cette intention. Dans le premier cas, ce sera
l'action *pro socio;* dans le second, l'action *communi di-*
vidundo. Cette seule remarque suffit pour concilier deux
textes d'Ulpien, en apparence contradictoires. Dans le
premier (1), le jurisconsulte suppose que deux individus,
qui se sont réunis pour faire une acquisition en commun,
ont, par là même, formé une société, *si qui societatem ad*
emendum coierint; dans le second (2), il cite au contraire,
comme exemple d'indivision, en l'opposant à la société,
le cas où deux individus ont acheté en commun un fonds
de terre. Les deux hypothèses prévues se ressemblent en
ce qu'il s'agit dans les deux cas d'une acquisition en
commun, mais elles diffèrent par le but de cette acquisi-

(1) L. 52, § 11.
(2) L. 31.

tion, et c'est cette différence qui suffit pour donner au contrat son nom et sa nature. Dans le deuxième cas, on a acheté en commun, mais avec l'intention de partager aussitôt : il y a indivision ; dans le premier, l'intention des parties était de laisser les biens en commun pour en jouir ainsi : cela constitue une véritable société.

J'ai dit qu'un bénéfice futur, *lucrum,* n'est point nécessairement en vue, mais il faut au moins que chaque associé puisse retirer un avantage quelconque des biens apportés en société. Si l'un des associés, ayant fait un apport, ne devait jamais rien retirer, ni en propriété, ni en jouissance, des biens formant la masse, il y aurait ce que les Romains appelaient une *société léonine,* ou plutôt il n'y aurait pas de société ; car un tel contrat n'est rien, ou il constitue une donation : *iniquissimum genus societatis, ex quâ quis damnum, non etiam lucrum spectat* (1). Nous voyons ici comme la contre-partie de ce qui a lieu dans le cas où un associé, n'ayant fait aucune espèce d'apport, retirerait quelque chose dans les bénéfices. Dans un cas comme dans l'autre, il ne saurait y avoir qu'une donation, et le contrat n'est valable qu'autant qu'il remplit les conditions des donations ordinaires.

Le contrat de donation n'est pas le seul qui présente quelque affinité avec la société ; et le caractère distinctif de la société sera encore ce *but commun* dont je m'occupe en ce moment. Deux individus ont acheté un champ en commun (2), et une convention est intervenue entre eux pour que chacun ait, tour à tour, la jouissance du champ pendant une année, moyennant un certain prix qu'il paierait à l'autre. « L'un d'eux, au moment où son

(1) L. 29, § 2.
(2) D., XIX, ii, 1. 35, § 1er.

« année de jouissance allait finir, a compromis à dessein
« la récolte de l'année suivante. Les actions auxquelles
« ce fait pourra donner ouverture sont la double action
« *ex locato* et *ex conducto.* » Chacun invoquera l'action
ex locato pour faire garantir ses droits de propriétaire,
pendant l'année où il n'a pas la jouissance, l'action *ex
conducto* pour sauvegarder ses droits de fermier pendant
l'année suivante. Mais il n'y aura jamais lieu à l'action
pro socio, parce que si les deux individus exploitent bien
le même fonds, il n'existe entre eux aucun *intérêt commun,* puisque leur jouissance est non pas simultanée,
mais consécutive.

Faut-il ajouter que le but commun de la société ne
doit pas être contraire aux mœurs? C'est là un principe
admis dans toutes les législations et dont l'application à
notre matière est faite dans un grand nombre de textes
du Digeste : *nulla societas maleficiorum* (1)... *nec societas
flagitiosæ rei ullas vires habet* (2). De même, dans une
société valablement formée, on ne doit pas faire entrer
tout ce qui n'a pas été acquis légitimement : *quod autem
ex furto, vel ex alio maleficio quæsitum est, in societatem
non oportere conferri palam est* (3). Il en résulte cette
conséquence, assez bizarre au premier abord, que ce qui
est acquis à l'un des associés lui reste, à lui seul, si la
cause de l'acquisition est immorale, tandis qu'autrement
il aurait dû partager avec son co-associé. Mais les principes s'opposaient à ce qu'une convention pût prévoir et
régler l'acquisition d'une chose par des moyens immo-

(1) D., XXVII, iii, l. 1, § 14.
(2) D., XVIII, i, l. 35, § 2.
(3) L. 53.

raux, et l'on suppose d'ailleurs que le co-associé ne voudrait pas prendre sa part dans un tel bénéfice, *quia delictorum turpis atque fœda communio est* (1). Toutefois, si l'argent a été versé dans la caisse commune, le bénéfice deviendra commun, *si in medium collata sit, commune erit lucrum* (2).

SECTION II. — COMMENT SE FORME LE CONTRAT DE SOCIÉTÉ.

Les Romains n'admettaient pas le seul consentement des parties comme une base suffisante de toute espèce de convention. Souvent ce consentement, quand il était seul, n'avait rien d'obligatoire, et le contrat ne commençait à avoir effet que s'il était accompagné d'un écrit (contrat formé *litteris*), ou de la tradition de la chose qui faisait l'objet de la convention (contrat formé *re*), ou d'une stipulation verbale (contrat formé *verbis*). Cependant les contrats les plus simples et les plus usuels se formaient *solo consensu* : nous voyons que, de tout temps, la société avait été rangée parmi ces contrats privilégiés. Pour moi, ce n'est pas cependant dans la simplicité même et l'usage fréquent de cette convention que je verrais la cause de cette faveur ; je croirais plutôt la trouver dans le caractère que j'ai voulu faire ressortir, et qui fait de la société un contrat d'affection réciproque et de bonne amitié. A quoi bon, en effet, entourer d'obstacles et de précautions une convention pareille ? C'est avant tout un contrat de *bonne foi*, et là où la bonne foi doit seule servir de guide, toutes les formalités doivent être abandonnées, et ce que

(1) L. 53.
(2) *Eod. loc.*

l'on doit consulter uniquement, c'est le seul consentement des parties.

Ce consentement des parties produit ici un effet peut-être unique dans la législation romaine. Non seulement il suffit pour créer des obligations, mais il a une force qu'il n'a pas dans les autres conventions se formant *solo consensu* (la vente, par exemple) : il transfert la propriété. J'étudierai plus spécialement ce curieux effet du consentement en matière de société, à propos de la société *omnium bonorum*.

Ce consentement, nécessaire et suffisant pour la formation de la société, peut se manifester d'une façon quelconque, soit par l'état même des choses, *re*, soit par une convention expresse, écrite ou verbale, *litteris aut verbis*, soit même par l'intermédiaire d'un tiers, *per nuntium*.

Le contrat de société est un contrat du droit des gens : par conséquent, un Romain pouvait entrer en société avec un étranger. Nous voyons là, encore une fois, le caractère d'universalité de ce contrat, dont on ne saurait faire un privilége au profit de quelques-uns, mais qui existe, au contraire, nécessairement, dans toutes les législations, comme un droit dont personne n'est exclu.

SECTION III. — DE LA DÉTERMINATION DES PARTS.

Toute société, quels que soient sa nature et son but, doit nécessairement donner lieu, lors de sa dissolution, à un partage. Quelle sera, dans ce partage, la proportion des droits de chacun?

Bien entendu, si la convention a réglé ces droits,

elle fait loi entre les parties, et chacun aura la part qui
lui a été attribuée dans le contrat primitif. Toutefois, j'ai
déjà dit que la convention ne pouvait pas établir que l'un
des associés ne retirerait rien de la société.

Mais peut-on, à l'inverse, stipuler que l'un des associés
ne supporterait rien dans les pertes? On le pourrait,
malgré ce qu'il y a de choquant au premier abord dans
une pareille clause. Elle ne fait disparaître, en effet, aucun
des trois éléments essentiels à la société, et l'on comprend que la coopération d'un homme présente d'assez
grands avantages pour que ses associés lui assurent une
position aussi favorable (1).

A plus forte raison peut-on stipuler des parts inégales
dans le gain et dans la perte. C'est ce que dit Servius
Sulpicius : « Il peut être valablement convenu entre deux
« associés que l'un aura deux tiers dans les profits et un
« tiers dans les pertes, tandis que l'autre n'aura qu'un
« tiers dans les profits et deux tiers dans la perte. »

Dans tous les cas, il est admis que, lorsque les associés
ont réglé la répartition des bénéfices, sans parler de la
contribution aux pertes, ils sont censés avoir accepté la
même réglementation pour celles-ci, et réciproquement.

Mais si aucune convention n'a été faite pour régler
les droits de chacun, comment se fera le partage de la
société ?

La loi française établit dans ce cas (art. 1853) la règle
suivante : « La part de chacun est en proportion de sa
« mise dans la société. » Cette disposition se comprend
dans un temps où les parties ayant en vue une entreprise
devant leur procurer un bénéfice, auront presque toujours

(1) L. 29, § 1er.

eu le soin de constater d'une façon quelconque les apports respectifs. Mais comment l'appliquer à une époque où les liens d'une affection réciproque semblent avoir été la seule chaîne qui unît les associés l'un à l'autre? D'ailleurs, dans ces sociétés universelles, qui furent les plus nombreuses chez les Romains, celles où l'on voulait simplement confondre deux patrimoines, sans rechercher un bénéfice extraordinaire, qui ne voit que le principe admis aujourd'hui aurait été précisément contre l'intention des parties? En effet, à la fin de la société, en vertu de cette proportionnalité admise aujourd'hui, chacun eût retiré précisément ce qu'il avait apporté, et alors le but de la société, la confusion des biens, n'aurait pas été atteint. On ne doit donc pas s'étonner de trouver dans le droit romain une règle toute différente de la nôtre. Chez eux, c'est l'égalité qui prévaut : les biens seront attribués par parts égales à chacun des associés (1). En l'absence de toute fixation des parts, quoi de plus naturel que de supposer qu'elles doivent être égales? Dans une société dont l'affection a été le mobile, quoi de plus naturel que de supposer que les associés veulent partager également, *jure quodammodo fraternitatis ?*

Mais sans avoir réglé elles-mêmes la proportion des parts, les parties peuvent s'en être rapportées à l'arbitrage d'un tiers. Qu'arrivera-t-il alors, si la personne désignée pour faire cette répartition ne peut ou ne veut s'en charger? Une vente ayant été faite avec cette clause que le prix serait fixé par Titius, Justinien, après de longues controverses, décida (2) qu'il y avait là une

(1) L. 29, § 1er ; — GAIUS, III, 150 ; — JUST., *De soc.*, § 1er.
(2) JUST., *De contrat. empt.*, § 1er.

vente conditionnelle : Titius ne pouvant fixer le prix, la condition faisait défaut, la vente était nulle. Il donne la même solution en matière de société : « Si une société a « été contractée, la désignation des parts étant abandon- « née à Titius, si Titius est mort avant cette désignation, « *nihil agitur,* car on s'est placé dans cette situation « qu'il ne pouvait y avoir de société qu'autant que Titius « aurait fait la désignation des parts (1). »

Mais si la personne choisie pour déterminer les parts fait une répartition qui blesse évidemment l'équité, les parties seront-elles tenues de l'observer? Nullement, et c'est ce qu'établissent des lois nombreuses (2). On sous-entend toujours que l'arbitrage doit être fait loyalement, *ut ad boni viri arbitrium redigi debeat, et si nominatim persona comprehensa sit, cujus arbitratu fiat.* Et cette règle doit être suivie, dans cette matière, avec d'autant moins d'hésitation, qu'il s'agit d'un contrat de bonne foi.

CHAPITRE II.

DES DIFFÉRENTES ESPÈCES DE SOCIÉTÉS.

Gaïus (3) et Justinien (4) ne citent que deux sortes de sociétés : la société *omnium bonorum* et la société *nego-*

(1) L. 75.
(2) L. 76, 78 et 79.
(3) *Comm.,* III, § 118.
(4) JUST., *De soc.,* pr.

tiationis alicujus. Mais Ulpien (1) nous donne une énumération plus complète : *Societates contrahuntur sive universorum bonorum, sive negotiationis alicujus, sive vectigalis, sive etiam rei unius.* Je dois, pour être complet, y ajouter une cinquième espèce de société, *societas universorum quæ ex quæstu quæruntur* (2).

J'étudierai donc successivement chacune de ces sociétés dans l'ordre suivant :

1° *Societas universorum bonorum ;*

2° *Societas universorum quæ ex quæstu veniunt ;*

3° *Societas negotiationis alicujus ;*

4° *Societas rei unius ;*

5° *Societas vectigalium.*

I. *Societas omnium bonorum.* — C'est la société la plus large que l'on puisse concevoir. Elle comprend, en effet, comme son nom l'indique, tous les biens quels qu'ils soient qui composent le patrimoine des associés : les biens présents comme les biens à venir ; ceux qui sont acquis par succession, donation ou legs, ceux qui *ex quæstu veniunt.* Il ne faut excepter que les biens acquis *ex prohibitis causis,* et ceux qui auraient été légués à un associé sous cette condition expresse qu'ils ne seraient pas communs.

Bien entendu, la société, devenant propriétaire à titre universel, se trouve chargée des dettes qui grèvent les biens qu'elle reçoit, *bona non intelliguntur nisi deducto ære alieno.*

Cette société, par suite de son étendue même, ne se présume jamais ; elle doit être contractée expressément (3).

(1) L. 5.
(2) L. 31 et 73.
(3) L. 7.

L'inégalité de fortune existant entre les associés ne fera-t-elle pas presque toujours que la société universelle ne constituera, vis-à-vis de l'un d'eux, qu'une véritable donation? Non ; car cette société, comprenant les biens à venir comme les biens présents, laisse toujours une certaine incertitude sur la véritable valeur de l'apport de chacun ; et de plus, l'associé le plus pauvre peut racheter, par son travail et son intelligence, ce qui lui manque du côté de la fortune (1).

La société *omnium bonorum,* du moment où elle est contractée, transfert, par la seule force du contrat, la propriété des biens qui composent le patrimoine des associés, sans qu'il soit besoin d'aucune tradition, ni même de cette clause qui dispensait de la tradition, le *constitut possessoire.* Au temps même où le *dominium* des *res mancipi* ne pouvait être transféré que par la *mancipatio,* cette formalité était inutile, quand il s'agissait de la société *universorum bonorum.*

Cette particularité vient-elle de ce que le contrat de société, contrat de bonne foi par excellence, devait être dégagé de toutes les formalités spéciales du droit strict? Craignait-on qu'un associé n'exécutât pas le contrat, en omettant de faire la mancipation ou la tradition d'une chose qui lui appartenait en propre? Quoi qu'il en soit, il y a là une exception unique aux principes de la translation de propriété en droit romain. Elle nous prouve que les Romains avaient au moins entrevu la possibilité de se passer des formalités traditionnelles auxquelles ils étaient cependant si fortement attachés, et d'arriver à cette sim-

1) L. 52, § 17.
(2) L. 1, § 1er.

plicité de législation qui donne pour cause aux effets juridiques, non plus telle ou telle cérémonie extérieure, mais le seul accord des volontés.

Toutefois, cette translation de propriété par le seul effet du contrat n'atteignait que les biens corporels. Les créances, *ea quæ in nominibus erant,* restaient propres à chacun des associés, qui devaient seulement se communiquer l'un à l'autre le bénéfice de leurs actions (1). Les Romains voyaient dans le droit de créance une relation toute *personnelle,* et ils avaient quelque peine à comprendre que ce droit pût passer de la personne du créancier à celle d'un tiers : ils étaient bien arrivés à peu près à ce résultat; mais les moyens détournés (2) qu'on devait prendre ne pouvaient être suppléés par la seule convention de société.

Il faut aussi remarquer que la translation de propriété opérée par le contrat ne s'applique qu'aux biens acquis par les associés antérieurement à ce contrat. Tous ceux qui sont acquis plus tard par chacun des associés séparément devront donc donner lieu à une tradition spéciale, qui pourra être exigée par l'associé non propriétaire, en vertu de l'action *pro socio* (3).

II. *Societas universorum quæ ex quæstu quæruntur.* — Dans tous les cas où les parties auront simplement dit qu'elles formaient une société, c'est la société *universorum quæ ex quæstu quæruntur* qui est présumée (4).

Que doit-on entendre par *quæstus?* Paul nous en donne

(1) L. 3, pr.
(2) En faisant une novation, ou en constituant uu *procurator in rem suam.*
(3) L. 74.
(4) L. 7.

celle définition : *Quæstus intelligitur qui ex operâ cujus-
que descendit.* Celle société comprendra donc tout ce qui
vient du travail des associés, tout ce qui constitue un gain
acquis par leur industrie. Mais le sens du mot *quæstus*
devient encore plus clair en cherchant ce qui en est exclu,
plutôt que ce qui y est compris. Il ne comprend point les
successions, les legs, les donations à cause de mort ou
même entre vifs (1) : c'est que la succession (et l'on peut
en dire autant de la donation) qui nous vient d'un parent
nous arrive pour ainsi dire comme une dette qui nous est
payée, *quasi debitum nobis obvenit* (2)... *non sine causâ,
sed ob meritum aliquod accedunt* (3). La société dont je
m'occupe en ce moment ne comprendra donc que tout ce
qui constitue un gain, *lucrum,* en dehors de toutes relations de parenté, de tout droit antérieur (4).

Les gains illicites ou immoraux ne devront pas, suivant
les principes connus, tomber en société.

Le passif de la société ne devra comprendre que les
dettes correspondantes aux biens qui profitent à la société.

III. *Societas rei unius.* — Les sociétés que j'ai passées
en revue jusqu'ici sont dites *sociétés universelles,* parce
que l'apport consiste toujours dans une *universalité* de
biens. Ici, au contraire, c'est une chose unique qui est
apportée, et la société se borne à la jouissance ou l'exploitation de cette chose unique. Cette *res una* peut être un
esclave, un fonds de terre, un quadrige, etc. L'actif sera

(1) L. 9 et suiv.
(2) L. 10.
(3) L. 9, *in fine.*
(4) C'est la société d'*acquêts,* telle qu'elle est établie par l'art. 1498,
C. N.

limité aux gains qui pourront être retirés du travail de cet esclave, des récoltes de ce fonds, de l'usage ou de la location de ces chevaux ; le passif, aux dépenses occasionnées par l'entretien de la *res* apportée en société.

On verra plus tard que cette société est la seule qui finisse par l'*extinction de la chose*.

IV. *Societas negotiationis alicujus.* — Cette société se distingue de la précédente en ce qu'elle a pour but, non plus l'exploitation d'une seule chose matérielle, mais l'accomplissement d'un travail unique, ou d'un seul genre d'opérations : elle pourra se former entre deux grammairiens qui se réunissent pour fonder une école, entre deux propriétaires qui achètent ensemble un fonds pour le faire valoir, entre deux banquiers ou deux commerçants qui unissent leurs capitaux pour des opérations de banque ou de commerce. Cette société, plus vaste que la précédente, est cependant limitée à l'opération unique ou au seul genre d'opérations que les associés ont eu en vue. Elle comprendra les gains réalisés dans ces opérations, et aussi les pertes qui pourront en résulter. Ulpien (1) nous dit que si un voyage a été entrepris par un associé dans un but commercial, et que cet associé ait été dépouillé par des voleurs, la perte sera pour la société.

V. *Societas vectigalium.* — Cette cinquième et dernière espèce de société offre des caractères tout à fait particuliers. Les sociétés de cette sorte avaient pour but le récolement des impôts, l'exploitation des pâturages ou des mines de l'État, etc. Elles semblent tout d'abord, par leur grande importance, devoir présenter quelque analo-

(1) L. 52, § 4.

gie avec nos grandes sociétés modernes : mais, en étudiant plus loin les particularités de ces sociétés, nous ne verrons nulle part apparaître ce caractère de limitation de la responsabilité, qui est le trait caractéristique de .nos sociétés anonymes ou en commandite, et dont les Romains n'avaient même pas entrevu la possibilité.

CHAPITRE III.

EFFETS DU CONTRAT DE SOCIÉTÉ.

SECTION Ire. — RAPPORTS DES ASSOCIÉS ENTRE EUX.

Pour déterminer quels sont les droits des associés dans la société, il est une première question qu'il faut trancher. La société constitue-t-elle une personne morale? Y a-t-il un être juridique, distinct de la personne des associés, une *universitas,* qui seule est propriétaire des biens de la société et qui est directement engagée par toutes ses obligations? On comprend l'intérêt de cette question (1) : il est surtout visible au point de vue des créanciers de la société qui, si l'on admet un être moral dont ils sont les seuls créanciers, viendront sur les biens

______

(1) La même controverse existe, en Droit français, pour les sociétés civiles (V. *Droit français,* ch. ier).

compris dans la société, de préférence aux créanciers personnels des associés.

Il faut reconnaître que les textes du droit romain ne se prononcent pas sur cette question d'une façon bien claire. La loi 42 (D., 46, 1) semble donner à la société le caractère d'un être moral : *Hereditas personæ vice fungitur, sicuti municipium, decuria,* SOCIETAS. Nul doute que la *decuria,* le *municipium* ne forment une *universitas juris* (1) : or, la société est mise sur la même ligne. De même dans la loi 3, § 4 (D., 37, 1) : *a municipibus, et societatibus, et decuriis, et corporibus bonorum possessio agnosci potest.*

Mais il est un autre texte (2) qui implique nécessairement l'idée toute contraire : *Neque societas, neque collegium, passim omnium haberi conceditur... Paucis in causis concessa sunt hujus modi corpora, ut ecce vectigalium publicorum sociis... Item Romæ collegia certa sunt, quorum corpus senatusconsultis et constitutionibus principalibus confirmatum est.*

S'il faut, pour constituer un *corpus,* un sénatus-consulte ou une constitution impériale ; si, comme on le croit aisément, une pareille concession n'était accordée que *paucis in causis,* c'est que les sociétés innombrables qui se formaient dans un but tout particulier, et souvent bien minime, ne jouissaient pas du même privilége. Il faut donc, dans les deux textes que j'ai cités plus haut, et qui semblent contraires à l'opinion que j'adopte, entendre le mot *societas* dans un sens restreint et comprenant, non pas toutes les sociétés en général, mais celles-là seulement qui, en vertu d'un sénatus-consulte ou d'un

(1) JUST., l. II, t. 1er, § 6.
(2) D., III, IV, l. 1, pr.

décret, forment une *universitas juris*. C'est évidemment, du reste, dans ce sens restreint que ce mot est pris dans le dernier texte qui sert de base à mon opinion, et où il est dit : *Neque societas omnibus haberi conceditur*. Il était, en effet, loisible à tous de former une société ordinaire, et ce n'était évidemment que pour certaines sociétés spéciales, précisément celles qui devaient former une *universitas juris*, qu'une concession était nécessaire.

I. *Obligations des associés entre eux.* — Elles peuvent se réduire à deux principales : exécuter l'apport promis, donner aux affaires sociales les soins personnels qu'elles nécessitent.

1° Chaque associé est débiteur envers la société de l'apport qu'il a promis. Cet apport peut comprendre des biens de diverses espèces. Si ce sont des corps certains, il devra en transférer la propriété. On sait que, dans la société *omnium bonorum*, cette translation de propriété s'opère par la seule force du contrat ; mais, dans toute autre société, il faudra exécuter cette translation de la propriété par la tradition réelle, ou par la tradition factice résultant du constitut possessoire (1). — Si l'apport consiste en une somme d'argent, l'associé est simplement débiteur de cette somme, et il peut être poursuivi en paiement par ses co-associés.

Cette distinction entre les corps certains et les dettes de genre offre surtout de l'intérêt au point de vue des risques. — Qu'arrive-t-il, en effet, si le corps certain qui fait l'objet de l'apport vient à périr? S'il a été livré,

---

(1) Avant que la tradition ne fût admise comme suffisante pour transférer la propriété de tous les biens, il fallait recourir à la mencipation, chaque fois qu'il s'agissait d'une *res mancipi*.

il n'y a pas de doute : la société est propriétaire ; c'est elle qui subit les risques. Mais en sera-t-il de même, si l'apport est simplement promis ? Quand la chose a péri sans la faute de l'associé débiteur, c'est encore la société qui subit les risques, *res perit emptori* (ou *creditori*) (1). Que si l'associé a été mis en demeure d'avoir à livrer la chose, alors les risques sont à sa charge, à moins qu'il ne prouve que la perte n'en serait pas moins arrivée si la chose avait été livrée en temps utile (2). — S'il s'agit, au contraire, d'une dette de genre, la nature de cette dette fait que le débiteur ne peut jamais en être libéré par l'extinction de la chose.

Pour que l'apport soit complet et effectif, il ne faut pas que l'associé fasse distraction à son profit exclusif des choses appartenant à la société, et qu'il reprenne ainsi d'une main ce qu'il a donné de l'autre. L'associé sera donc débiteur de tout l'argent qu'il aura pu puiser dans la caisse sociale. De même, si un associé s'est fait payer, par un débiteur de la société, la part entière de ce qui lui revenait dans cette dette, et que, plus tard, le débiteur étant devenu insolvable, l'autre associé n'ait pu être intégralement payé de sa part, le premier devra rapporter à la masse tout ce qu'il aura reçu de plus que le second (3).

2° Outre l'apport matériel, chaque associé doit encore fournir à la société son travail et ses soins. La nature de

(1) JUST., *De empt. et vend.*, § 3.

(2) Si la chose qui a péri est telle que la société ne puisse plus se former sans elle, il faudrait voir là une société contractée sous cette condition : que l'apport promis serait effectué. La condition venant à défaillir, il n'y a plus de société, et la chose périt pour le propriétaire (V. 1. 58).

(3) L. 63, § 5, n° 8.

la société, et les considérations qui ont fait admettre l'associé serviront à déterminer l'intervention plus ou moins active que l'on peut exiger de lui dans les affaires sociales (1). Mais il est un principe invariable et qui engage également tous les associés envers la société : c'est que ceux-ci sont responsables vis-à-vis d'elle, non seulement de leur dol, mais encore de leur faute : *Socius socio etiam culpæ tenetur, id est desidiæ et negligentiæ* (2). C'est un principe de droit commun que chacun répond du préjudice qu'il cause à autrui par son dol : mais, dans les contrats ordinaires, on ne répond pas de sa faute (3). Dans la société, au contraire, l'associé est tenu de réparer le préjudice qui résulte de sa faute, parce qu'il s'est engagé par le contrat à donner ses soins aux affaires sociales; mais il ne doit aux affaires de la société que les mêmes soins qu'il donne aux siennes propres; c'est, en effet, aux associés qu'il appartient de choisir un homme intelligent, actif et vigilant (4).

Il ne peut y avoir aucune compensation entre la négligence dont un associé aurait à répondre et les services qu'il aurait rendus d'ailleurs par son application aux affaires sociales : d'un côté il a commis une faute; de l'autre il n'a fait que ce qu'il était tenu de faire en vertu du contrat (5).

II. *Droits des associés.* — Le droit de chaque associé

---

(1) *Si alter plus operæ, industriæ, pecuniæ collaturus sit* (l. 6, *in fine*).

(2) L. 52.

(3) D., *De reg. juris*, l. 23.

(4) L. 72.

(5) L. 23, § 1er ; — l. 25.

dans la société est un droit de propriété (1), mais ce droit n'est pas absolu ; il rencontre, en effet, pour limite le droit même des autres associés. Quelle atteinte est donc apportée au droit de propriété de chacun par le droit de co-propriété qui appartient aux autres?

En ce qui regarde la jouissance, chacun pourra jouir de la chose, mais de manière à ce qu'il n'empêche pas les autres associés d'en jouir eux-mêmes dans la même proportion. On doit conserver à la chose l'usage auquel elle a été destinée lors de la formation de la société, et si l'un des associés voulait faire à ce sujet quelque innovation, chacun des autres aurait personnellement le droit de s'y opposer, *in re communi potior est causa prohibentis.*

Quant au droit de disposer de la chose même, chaque associé étant propriétaire de sa part, puisque la société n'est pas une personne morale entre les mains de laquelle serait concentrée la propriété de tous les biens, chacun pourra aliéner sa part (2). Mais cette aliénation ne pourra jamais nuire au droit de jouissance qui appartient aux autres associés.

Le droit d'aliéner complètement sa part dans la société implique pour l'associé le droit de prendre pour lui-même un associé dans la part qui lui appartient : ce nouvel associé est ce qu'on appelle, en droit commercial français, un *croupier.* Le nouveau contrat a bien pour effet d'obliger l'associé qui l'a souscrit à partager avec

(1) Si l'on admettait que la société formât une personne morale, e droit de chaque associé serait un simple droit de *créance* contre a société, seule *propriétaire* des biens.

(2) *Nemo ex sociis plus parte suâ alienare potest, etsi votorum bonorum socii sint* (l. 68).

le croupier tout ce qu'il retirera de la société primitive;
mais il ne peut en rien changer la position des premiers
associés vis-à-vis de leur co-associé, *res inter alios acta,
aliis neque nocere, neque prodesse potest.* Il en résulte
qu'aucune action directe ne pourra exister entre le croupier et les autres associés primitifs : si la société réalise
un bénéfice, c'est seulement par l'associé primitif, et non
par son croupier que pourra être formée la demande afin
d'obtenir le partage du gain réalisé ; de même, si la société éprouve une perte, elle n'aura pas d'action contre
le croupier, mais seulement contre l'associé. *Socius socii
socius meus non est.* Si ce tiers, que l'un des associés a
mêlé dans les affaires de la société, a causé quelque
dommage à l'association, les autres associés n'auront pas
d'action directe contre lui (1). Mais celui qui l'a choisi est tenu
de réparer le dommage causé, comme si c'était lui-même
qui en fût l'auteur, car il est responsable du fait de son
croupier (2), sauf à recourir contre celui-ci. Il peut même
demander à exercer le recours avant de défendre à l'action de ses co-associés (3) ; au reste, l'associé est tenu
envers la société de réparer le dommage causé par celui
qu'il s'est adjoint, alors même que ce tiers serait insolvable, car il y a faute de sa part de se l'être associé (4).

Malgré Papinien, il faut décider avec Ulpien que ce
dommage ne peut être compensé, jusqu'à due concurrence, avec les profits que le tiers adjoint aurait d'ailleurs, par son industrie, procurés à la société (5). Car

(1) A moins qu'il n'y ait eu de sa part dol ou fraude.
(2) L. 21.
(3) L. 22.
(4) L. 23.
(5) L. 23, §. 1er.

le fait de ce tiers doit être regardé comme le fait de celui qui l'a choisi, et j'ai montré qu'un associé ne pouvait compenser le dommage qu'il cause à la société avec les profits qu'il lui occasionne par son travail.

Enfin, il faut remarquer que lorsqu'un associé s'est adjoint un tiers, dans le compte qui intervient entre eux, le tiers est tenu de lui faire raison des dommages qu'il a causés par sa faute aux biens sociaux. De son côté, l'associé doit rendre compte à son croupier, non seulement des dommages provenant de sa propre faute, mais aussi de ceux provenant de la faute de ses co-associés : en effet, l'action en réparation qu'il a contre eux à ce sujet est une action dépendant de la part sociale dont il a communiqué le bénéfice à ce tiers, et qui, en conséquence, tombe dans la société particulière contractée avec lui (1).

SECTION II. — RAPPORTS DES ASSOCIÉS AVEC LES TIERS.

J'ai examiné les conséquences de l'association au point de vue des droits de jouissance et de disposition des associés sur les biens qui composent la société. Il me reste à voir ce qui est relatif à l'administration de ces biens et les rapports que cette administration de la société amène nécessairement avec les tiers.

Le contrat de société contient un mandat implicite, un pouvoir accordé à chacun par tous d'administrer la société. Le contrat lui-même peut prévoir et réglementer cette administration, en fixer l'étendue, l'attribuer à tel ou tel associé, le refuser à tel autre. Mais dans le silence de la convention, chacun a un pouvoir égal, quelle que

(1) L. 22.

soit d'ailleurs la proportion des parts, et ce pouvoir est renfermé dans les limites d'une simple administration.

Quel sera donc vis-à-vis des tiers l'effet des engagements contractés entre eux et les associés?

Il faut distinguer plusieurs hypothèses :

1º Tous les associés sont intervenus au contrat. — Sans aucun doute, tous les associés sont alors engagés. Dans notre droit moderne, s'il s'agissait d'une société commerciale, tous seraient tenus *solidairement*. Mais je pense qu'en droit romain, chacun n'était tenu que pour sa part, et non pas même pour une part virile, mais pour une part proportionnelle à sa mise, *actio ex exempto cum singulis sit proportione quâ socii fuerint* (1). — Toutefois, dans les sociétés de banque, les associés étaient tenus *solidairement* (2).

2º Un seul ou quelques-uns des associés ont contracté. — S'il a agi dans la limite du mandat résultant de la société elle-même, ou si l'engagement a été ratifié plus tard par les associés, nul doute que l'on ne donne contre la société les actions *utiles* introduites par le préteur (3). Si l'engagement dépassait les limites du mandat, la société ne sera tenue qu'autant qu'elle aura reçu les fonds, et seulement dans la limite de ce qu'elle aura reçu, en vertu de l'action *de in rem verso*.

3º L'engagement a été contracté par un esclave commun. — Si cet esclave a agi au nom d'un seul de ses maîtres, ce maître est seul tenu; mais s'il a agi au nom

(1) D., XXI, i; l. 44, § 1er.

(2) D., II, xiv; l. 25, pr.

(3) Primitivement le mandataire était seul engagé, et ce fut un des progrès du droit prétorien d'accorder une action directe utile contre le mandant.

de tous, on pourra avoir contre ces maîtres plusieurs actions. L'esclave avait-il été mis par les associés à la tête d'un commerce ou d'un navire, on aura contre eux les actions institoire ou exercitoire, et une règle commune à ces deux actions est que, quand il y a plusieurs préposants, ils sont tous tenus *in solidum* (1). Enfin, même en l'absence d'un ordre général donné par les maîtres, ceux-ci seraient toujours tenus, en vertu de l'engagement de leur esclave, soit de l'action *de peculio,* soit de l'action *de in rem verso.*

CHAPITRE IV.

DES DIFFÉRENTS MODES DE DISSOLUTION DES SOCIÉTÉS.

Modestin (2) nous indique plusieurs causes de dissolution des sociétés : *Dissociamur renuntiatione, morte, capitis deminutione, egestate.* Cette énumération est complétée par celle qui nous est donnée par Ulpien (3), en se plaçant à un autre point de vue : *Societas solvitur ex personis, ex rebus, ex voluntate, ex actione; ideoque sive homines, sive res, sive voluntas, sive actio interierit, distrahi videtur societas.*

(1) L. 19, pr.
(2) L. 4, § 1er.
(3) L. 63, § 10.

On peut, en définitive, distinguer neuf causes de dissolution des sociétés :

1° La mort.

2° La *capitis deminutio*.

3° La déconfiture, *egestas*. — Ces trois modes dérivent *ex personis*.

4° La perte de la chose, ou la modification de sa substance.

5° La terminaison de l'affaire. — Ces deux modes dérivent *ex rebus*.

6° Le terme fixé.

7° Le mutuel dissentiment.

8° La renonciation d'un des associés. — Ces trois modes dérivent *ex voluntate*.

9° La novation, qui peut venir remplacer par d'autres obligations les obligations primitives entre associés. — Tel est du moins l'exemple le plus satisfaisant d'un mode de dissolution dérivant, selon Ulpien, *ex actione*.

J'examinerai successivement chacun de ces modes de dissolution.

I. La mort. — La société, étant contractée en vue de la personne des associés, ne peut continuer avec les héritiers de l'associé défunt; mais elle ne continuera même pas entre les associés survivants, quel que soit leur nombre, parce que la personne du défunt avait pu être prise en considération exclusive par chacun des contractants. Ceux-ci, s'ils veulent continuer la société, devront donc former un nouveau contrat. — Toutefois, il pourrait être convenu dans le contrat primitif que la société continuerait entre les associés survivants (1), tandis que la clause

(1) L. 65, § 9.

portant continuation de la société avec les héritiers d'un associé défunt serait de nul effet : *Adeo morte socii dissolvitur societas, ut nec ab initio pacisci possimus, ut hæres succedat societati* (1).

Si, dans l'ignorance de la mort de son co-associé, un associé avait continué à gérer les affaires sociales, il aurait contre l'héritier de l'associé défunt une action utile analogue à celle qui est admise dans le cas où le mandataire a contiué à remplir le mandat après la mort du mandant (2).

Il est cependant une société pour laquelle ce mode d'extinction n'existe pas ; et c'est ce qui fait un des caractères distinctifs de cette société dont j'ai parlé, la société *vectigalium. In societate vectigalium nihilominus manet societas etiam post mortem alicujus.* C'est que l'importance d'une pareille société ne pouvait permettre que son existence fût assujettie à un événement comme celui de la mort de l'un des associés : ici d'ailleurs, de pareilles entreprises nécessitant le concours de nombreux capitaux, la personne d'un seul associé ne pouvait plus être prise en considération aussi absolue. Toutefois, on n'est pas bien d'accord sur la manière dont l'héritier succédait à l'associé défunt : lui succédait-il sans qu'il fût besoin d'une convention expresse dans l'acte de société? Était-il vraiment *socius*, ayant dans la société les mêmes droits que son auteur, ou bien ses droits et obligations se bornaient-ils à une simple participation aux bénéfices et aux pertes, sans qu'il pût diriger aucunement les affaires de la société? Ce sont autant de points douteux (3).

(1) L. 59, pr.
(2) L. 65, § 9.
(3) V. le *Cours de Droit romain* de M. DEMANGEAT, professeur à

II. Le deuxième mode d'extinction des sociétés est la *capitis deminutio*.

La *capitis deminutio* était toujours, dans le droit primitif, assimilée à la mort : en effet, l'ancienne personne avait cessé d'exister (1), et c'était une nouvelle qui commençait ; les droits et obligations de la première ne pouvaient plus être invoqués par la première ou poursuivis contre elle. Mais bientôt le préteur arriva à restreindre et à annihiler les effets de la *minima capitis deminutio*. Sous Justinien, la *maxima* et la *media capitis deminutio* étaient seules regardées, depuis longtemps déjà, comme une cause de dissolution des sociétés.

III. La déconfiture, *egestas,* est la troisième cause d'extinction provenant *ex personis*. Dans l'ancien droit, la *bonorum venditio* était assimilée à une sorte de *capitis deminutio* : son effet était de faire disparaître la personne juridique de celui dont les biens étaient vendus (2). Sous Justinien, la *bonorum venditio* n'existe plus; mais la *bonorum cessio*, quoique moins rigoureuse, produit encore un effet analogue et dissout la société (3).

Je passe maintenant au mode de dissolution provenant *ex rebus*.

IV. La perte de la chose met fin à la société dont elle faisait l'objet. Si la chose, sans périr complètement, a seulement changé de substance et qu'elle soit ainsi deve-

la Faculté de Droit de Paris, t. II, p. 330. — V. aussi l. 59, pr., et l. 68, § 8.

(1) *Civili ratione capitis deminutio morti æquiparari dicitur.* (GAIUS, III, 153.)

(2) GAIUS, III, 154.

(3) L. 65, § 12.

nuc impropre au but que se proposaient les associés, la société ne pourra plus continuer.

V. De même encore, si le but de la société est atteint, si l'affaire qu'on avait en vue est terminée, la société, n'ayant plus d'objet, cessera par là même.

J'examine maintenant les modes de dissolution provenant *ex voluntate.*

VI. Cette volonté de mettre fin à la société peut résulter du contrat lui-même, les parties ayant d'avance fixé un *terme.*

VII. En dehors de cette volonté exprimée dans le contrat lui-même, il est évident que le *mutuel dissentiment* est une cause de dissolution de la société ; ce que le commun accord des parties a pu faire, ce même accord peut le défaire, et il peut en être ainsi même avant le terme fixé, même avant la fin de la négociation commencée (1).

VIII. La volonté même d'un seul associé suffit pour dissoudre la société, et c'est là une particularité de ce contrat. Il est formé *intuitu personæ*, et il oblige chacun des associés à la prestation de ses services personnels : c'est là une obligation qui n'est pas susceptible d'une coaction. L'associé qui refuse son concours renonce par là même à la société. Mais quel est l'effet de cette renonciation? Il n'est pas douteux que l'associé ne pourra plus prétendre à aucune part dans les bénéfices; mais sera-t-il lui-même complètement libéré de toute obligation et de toute participation aux pertes ?

(1) L. 65, § 3.

Si la société avait un terme fixé, l'associé qui se retire avant le temps contrevient à l'engagement qu'il a pris : sa renonciation peut bien avoir pour objet de libérer la société de toute obligation vis-à-vis de lui, mais elle ne le libérera pas de ses obligations envers la société : *Qui societatem in tempus coit, eam antè renuntiando, socium a se, non se a socio liberat* (1). Il restera donc obligé à apporter à la société tous les biens qui devaient lui revenir en vertu du contrat primitif; il restera tenu de sa part dans les dettes sociales, sans avoir droit aux bénéfices que la société pourra réaliser. Telle semble avoir été la rigueur du principe du droit romain; aujourd'hui, je crois que la renonciation serait simplement regardée comme nulle et non avenue, et que par conséquent l'associé, qui ne peut pas se dégager de ses obligations, ne serait pas privé de ses droits.

Si la société avait été formée sans qu'il ait été fixé de terme pour sa durée, chaque associé s'est tacitement réservé la faculté de se retirer quand il le jugerait convenable; c'est un principe, en effet, que nulle société n'est éternelle, *nulla societatis in æternum coitio est* (2).

Toutefois, il ne faut pas que cette renonciation soit *dolosive* ou *intempestive*. La renonciation est dolosive si elle a précisément pour but de procurer, au renonçant exclusivement, un bénéfice qui, en vertu de la société, devait tomber dans la masse, *si quis callidè in hoc renuntiaverit societati, ut obveniens aliquod lucrum solus habeat* (3)...... Si, par exemple, dans une société de tous biens, un asso-

(1) L. 65, § 6.
(2) L. 70.
(3) *Inst.*, *De soc.*, § 4.

cié renonce à la société dans la prévision d'un héritage qui va lui arriver et pour s'en réserver la propriété exclusive (1); si, dans une société commerciale, un associé, méditant une opération avantageuse, renonce à la société pour garder le bénéfice pour lui seul, de semblables renonciations sont nulles comme dolosives, *cogetur hoc lucrum communicare* (2)...

La renonciation est intempestive lorsqu'en raison de l'époque à laquelle elle est faite, elle porte un préjudice aux associés. Ici il n'y a plus dol, parce que l'associé renonçant ne cherche plus à se réserver un bénéfice ; mais les associés souffrent toujours un dommage par suite de la renonciation. Paul nous en donne cet exemple (3) : « Si nous avons acheté des esclaves en commun, dit-il, puis que vous renonciez à la société précisément à un moment où la vente de ces esclaves se fait dans des conditions désavantageuses, vous serez tenu de l'action *pro socio,* parce que vous me causez un préjudice. »

Toutefois, il peut se faire que l'associé puisse valablement renoncer à la société, même avant le terme fixé, même quand cette renonciation devrait causer un préjudice aux co-associés ou assurer au renonçant un bénéfice exclusif : c'est, en effet, ce qui a lieu toutes les fois qu'un associé a un juste motif pour se retirer de la société ; si, par exemple, il est envoyé au loin pour le service de la république (4), ou si son associé s'est montré vis-à-vis de lui *injuriosus et damnosus* (5), ou si encore son associé a,

(1) L. 65, § 2.
(2) *Inst., De soc.,* § 4.
(3) L. 65, § 5.
(4) L. 16, pr.
(5) L. 14, *in fine.*

le premier, manqué à ses engagements, en refusant d'apporter à la société la jouissance d'un bien en vue duquel la société a été contractée (1).

IX. Le dernier mode de dissolution des sociétés est celui qui, suivant l'énumération d'Ulpien, dérive *ex actione*. Il faut y comprendre tous les cas où l'action *pro socio*, qui est, comme je vais l'expliquer, l'action résultant directement du contrat de société, se trouve remplacée par une autre action quelconque. C'est ce qui aura lieu si, par exemple, dans la liquidation d'une société, l'associé qui se trouve créancier *stipule* de l'associé débiteur tout ce qui lui est dû ; ou encore si, l'exercice de l'action *pro socio* ayant donné lieu à des difficultés, *lis contestata est* : on sait, en effet, que la *litis contestatio* éteint l'obligation qui est déduite *in judicium*. Dans ces deux hypothèses, ce n'est plus l'action *pro socio* qu'on devra invoquer, mais bien l'action *ex stipulatu* pour le premier cas, et la *litis contestatio* pour le second (2).

CHAPITRE V.

DE L'ACTION *PRO SOCIO*.

Dans nos législations modernes, les tribunaux connaissent directement des contestations qui s'élèvent entre les

(1) L. 15.
(2) Gaius, III, 180.

particuliers; ils apprécient les faits et en tirent eux-mêmes les conséquences juridiques auxquelles ils attachent la force exécutoire. Dans le droit romain, au contraire, au moins dans le droit romain classique (1), tout procès était nécessairement porté successivement devant deux pouvoirs. Le premier était celui du magistrat, du préteur : devant lui, le demandeur faisait connaître l'action en vertu de laquelle il prétendait avoir un droit à exercer ; tous les droits rentraient nécessairement dans l'une ou l'autre des formules que l'usage avait fait naître, et qui donnèrent à ce système de juridiction le nom de *procédure formulaire;* lorsque le magistrat a reconnu qu'il y a lieu, en droit, à accorder l'action demandée, lorsqu'il a vérifié, par exemple, l'existence d'un contrat antérieur (vente, mandat, etc.), ou d'une obligation quasi contractuelle (dommage, vol, etc.), il renvoie les parties, en vertu de son *imperium,* à établir devant le juge les droits qui résultent pour elles de l'action invoquée.

En faisant l'application de ce système à la société, on verra que ce contrat, qui créait entre les associés une série d'obligations réciproques, devait donner lieu à une action spéciale : c'est ce qu'on a appelé l'action *pro socio.* Le préteur, devant lequel les parties invoquaient un contrat de société, devait d'abord s'assurer de l'existence de ce contrat; puis il accordait l'action en ces termes : *Quidquid Titius pro socio debere pareat.....* Il ne restait plus alors au juge qu'à tirer toutes les conséquences de la si-

______

(1) Une constitution de Dioclétien et Maximien (an 294 apr. J.-C.) attribue aux gouverneurs des provinces une juridiction complète, comme celle qui appartient aujourd'hui à nos juges : c'est l'avènement de ce qu'on a appelé la *procédure extraordinaire.*

tuation juridique reconnue par le préteur, et à établir, en fait, les droits de chacun.

— Je rechercherai d'abord dans quel cas l'action *pro socio* doit être accordée par le préteur. Il faut qu'il reconnaisse l'existence du contrat de société, avec tous les caractères essentiels que j'ai passés en revue dans le chapitre Ier. L'absence de l'un de ces caractères suffit pour qu'il n'y ait pas lieu à l'action *pro socio*, qui pourra alors être remplacée, suivant les cas, par telle ou telle autre action. — Si le préteur reconnaît qu'il y a bien une indivision, mais qu'elle est née, non par suite d'un contrat de société (1), mais par suite d'une autre cause quelconque, il y aura lieu simplement à l'action *communi dividundo*. Cette action se trouve, pour ainsi dire, comprise dans l'action *pro socio*, car elle a pour but d'opérer un partage quelconque, et toute société aboutit forcément à un partage. Un associé qui n'aurait point à demander l'exécution du contrat même de société, mais qui voudrait simplement obtenir le partage des biens communs, pourrait se borner à invoquer l'action *communi dividundo*. Je constaterai bientôt les différences qui séparent cette action de l'action *pro socio*. — Si le préteur reconnaissait que le contrat qui est invoqué constitue une pure libéralité au profit de l'une des parties, il n'y aurait point de société, d'après les principes que j'ai posés plus haut : cette convention même ne donnait lieu autrefois à aucune action, parce qu'elle ne constituait qu'un *nudum pactum ;* mais, depuis Justinien, le préteur devait, dans ce cas, accorder une *condictio ex lege*. — J'ai cité, au chap. Ier, un exemple tiré de la l. 55, § 1er (D., 19, 2), où, malgré l'affinité que le contrat invo-

____
(1) L. 31.

qué présentait avec une société, c'étaient les actions *ex conducto* et *ex locato* qui devaient être accordées.

— Une fois l'action *pro socio* accordée par le préteur, quelles devaient en être les conséquences devant le juge? Celui qui l'avait obtenue pouvait réclamer l'exécution de toutes les obligations résultant du contrat : l'apport des choses promises, la contribution aux dépenses faites par la société, aux pertes subies par elle, la dissolution de la société dans les cas légaux, etc. C'est encore par l'action *pro socio* que l'on forcera l'associé à réparer le dommage causé par sa faute, ou à abandonner l'immeuble commun dont il voudrait jouir seul.

Il faut bien remarquer que l'action *pro socio* ayant pour but de régler les rapports des associés entre eux, chacun agit ici en son nom propre, et jamais au nom de la société elle-même. Les rapports des associés avec les tiers donnent lieu aux actions ordinaires *ex empto* et *ex vendito*, *mandati*, etc., etc., mais jamais à l'action *pro socio*.

De ce que cette action ne se donne jamais qu'à un associé contre un associé, il résulte qu'elle est empreinte du même caractère de bonne foi que le contrat même d'où elle tire son origine. Elle doit donc être réglée *ex œquo et bono*. Si le juge prévoit que la société pourra causer à l'une des parties un gain ou une perte considérable, il devra ordonner qu'il soit fourni caution par celui des associés qui pourrait ainsi se trouver débiteur (1) : c'est ce qui a lieu, d'après Sabinien, dans toutes les actions de bonne foi.

Mais ce qui est particulier à l'action *pro socio*, c'est le *bénéfice de compétence* accordé à l'associé poursuivi. De

(1) L. 38.

même qu'entre époux le lien conjugal doit faire cesser toute rigueur dans les relations juridiques, de même ici ce *jus quoddam fraternitatis* s'oppose à ce qu'une condamnation sévère et inutile soit prononcée contre l'associé : celui-ci, quand il est poursuivi, a donc le droit d'opposer le *bénéfice de compétence*, c'est-à-dire de demander que la condamnation soit limitée à l'étendue des biens qu'il possède, *in id quod facere potest* (1). Toutefois, on devra comprendre dans ces biens, non seulement ceux qui s'y trouvent réellement, mais encore ceux que, par *dol*, l'associé a manqué d'acquérir ; s'il y a eu simplement *faute*, les biens qu'il aurait pu acquérir ne devront pas augmenter le montant de la condamnation. — Ce bénéfice est une faveur toute personnelle à l'associé : il ne devra donc être accordé ni au fidéjusseur, ni à l'héritier, ni au père, ni au maître de l'associé, qui devront être condamnés *in solidum* (2). Il faut remarquer encore que celui qui a nié d'abord sa qualité d'associé ne peut plus s'en prévaloir ensuite pour obtenir le bénéfice de compétence.

Une dernière conséquence de la nature spéciale du lien qui unit les associés consiste dans la punition, infligée par la loi, à celui qui aura trahi cette amitié fraternelle que toute société fait supposer. L'associé qui aura été condamné en son nom, par suite de l'action *pro socio,* sera *noté d'infamie* (3) : celui qui a été condamné *alieno nomine,* par exemple le mandataire, le fidéjusseur, le tuteur, l'héritier, n'encourt point l'infamie (4).

(1) L. 63, pr.
(2) L. 63, §§ 1 et 2.
(3) L. 2 (D., III, II).
(4) L. 6, *eod. tit.,* §§ 2 et 6.

DEUXIÈME PARTIE.

ANCIEN DROIT FRANÇAIS

JUSQU'A LA LOI DE 1867.

***

J'ai étudié la société en droit romain : je n'y ai pas trouvé ce principe de limitation de la responsabilité, dont j'aurais voulu faire l'unique objet de cette étude. Je vais rechercher maintenant comment l'application de ce principe commença à être faite dans notre ancien droit, et je montrerai qu'ici, comme en toute chose, la pratique a devancé la théorie. C'est une idée commerciale qui a fait surgir ce nouveau mode de société, et les jurisconsultes ne sont venus que plus tard constater et réglementer ce que les faits avaient créé.

L'association était d'un usage très-répandu dans le moyen âge. Là où l'absence de tout pouvoir organisé laissait chacun dans l'isolement, les faibles devaient sentir d'autant plus le besoin de s'unir contre les forts. Dans l'ordre politique, les communes, les *guild*, furent des sociétés qui, réunissant en un seul faisceau toutes les forces, ou plutôt toutes les faiblesses des habitants d'une petite ville, en faisaient un corps capable de résister au seigneur insolent qui les avait si souvent menacés du haut de son donjon féodal. N'est-ce pas ce même besoin d'union qui favorisa l'essor des communautés religieuses, abritant, derrière leurs murailles et leurs priviléges, les religieux, ainsi que tous ceux qui imploraient un secours contre la tyrannie du dehors? Mais c'est surtout dans le plus bas degré de l'échelle sociale qu'une société, pour ainsi dire inconsciente, vint apporter à la situation la plus précaire un soulagement et un remède. Les serfs n'avaient autrefois sur les biens qu'ils possédaient qu'un droit de jouissance viagère : à leur mort, le seigneur pouvait, en vertu du droit de *mainmorte* et de *réversion*, réclamer la propriéte de leur petit patrimoine. La justice devait finir par triompher de semblables abus : elle en triompha, et la force qu'elle trouva à son service fut l'association. La propriété des biens, si fragile quand elle reposait sur la tête d'un seul homme, fut peu à peu considérée comme appartenant, non plus au chef même de la famille, mais à la famille elle-même, à tous ceux qui habitaient la même maison. Cette famille, véritable société qu'on appela *société taisible,* au lieu de s'éteindre par la mort du père, continuait entre la veuve et les enfants; elle se perpétuait ainsi, conservant au profit des descendants les biens mêmes acquis par leurs aïeux. C'est ainsi que, sans changer la nature du droit de propriété, qui restait toujours nominalement entre les mains du seigneur, tous les avantages en furent détachés et transférés aux serfs possesseurs (1).

On voit qu'en dehors de toute science, et par la seule force de la nécessité, la société avait été amenée à rendre d'immenses services. L'habitude de l'association était passée dans les mœurs, et l'on ne doit point s'étonner que

____

(1) Delaurière, sur *Loisel,* l. 1, nº 74.

l'on en ait fait une large application aussitôt que les désordres et les guerres cessèrent d'entraver les entreprises pacifiques.

M. Troplong, dans sa savante préface sur les *Sociétés,* nous montre les Juifs et les Lombards fondant, dès le XIIIe siècle, des sociétés de banque. Au XIVe, les Florentins se font les banquiers malheureux d'Édouard III, roi d'Angleterre. Mais ces associations, quelque puissantes qu'elles aient été, ne nous montrent point encore l'origine de ces sociétés modernes, avec leurs actions cessibles et leur responsabilité limitée.

C'est la France qui devait, la première, donner l'exemple de l'application de ces principes. M. Troplong nous parle d'un moulin, situé près de Toulouse, qui était exploité par une société de *pairiers*, le capital étant divisé en parts dites *uchaux* ou *tâches*. Nul doute que ces *uchaux* ne fussent de véritables actions cessibles, et que la responsabilité de la société entière ne fût *limitée* à l'ensemble des capitaux représentés par ces actions, la responsabilité de chacun, au capital représenté par le nombre d'actions qu'il possédait. Le moulin de Toulouse était donc, dès le XIIe siècle, l'objet d'une véritable société anonyme. Est-il besoin de dire que ces meuniers n'avaient obtenu ni demandé aucune autorisation royale ou ducale, et qu'ils avaient simplement formé une convention licite par elle-même?

A la fin du XVe siècle s'accomplissait un grand événement qui devait être le signal d'une immense révolution pacifique. Christophe Colomb, en débarquant sur un nouveau continent, avait ouvert à l'ancien monde une route vers des régions qui, par leurs richesses de toutes sortes, devaient attirer les Européens et donner à leur commerce une soudaine et féconde impulsion. Mais, pour une entreprise aussi longue et aussi coûteuse qu'un voyage au-delà de ces mers jusqu'alors inexplorées, de grands capitaux devenaient nécessaires, et l'association seule pouvait les fournir. Les Hollandais, qui étaient à cette époque les maîtres de la mer, furent les premiers à fonder, sous le nom de Compagnie des Indes, une société pour la colonisation du Nouveau-Monde. Bientôt, sous l'influence de Richelieu qui, dans son génie, comprenait l'immense avenir des colonies américaines, une société s'établit en France pour aller porter l'influence française jusque dans ces régions lointaines.

Cette association, qui devait subir plusieurs transformations, me semble pouvoir être étudiée comme le type des grandes sociétés commerciales de notre ancien droit. Je ne m'occuperai donc avec détail que de cette compagnie, qui a servi de modèle à toutes les autres. Je citerai seulement pour mémoire les compagnies de la Nouvelle-France, 1628 ; d'Orient, 1642 ; de Cayenne, 1651 ; des Indes-Orientales, 1664 ; du Sénégal, 1685 ; de Saint-Domingue, 1698 ; de Guinée, 1716. Toutes ces sociétés, et particulièrement la grande société des Indes-Orientales, montrent le développement de l'esprit d'entreprise ; mais leur étude n'ajouterait rien, au point de vue juridique, à ce que nous offre la société dont je vais m'occuper.

C'est en 1626 que fut tenté, en France, le premier essai de colonisation. Voici l'acte d'association des seigneurs de la compagnie des Isles-d'Amérique, en date du 31 octobre 1626 (1) :

(1) V. un très-intéressant recueil publié au XVIIIe siècle, sous le titre de *Loix et Constitutions des colonies françaises de l'Amérique sous le vent*, par M. MOREAU DE SAINT-MÉRY.

« Nous soussignés, reconnaissons et confessons avoir
« fait et faire par ces présentes fidelle association entre
« nous (ici on désigne l'objet de l'association qui est de
« coloniser les îles de Saint-Christophe (1) et la Barbade);
« pour l'effet et exécution duquel dessein il sera fait
« fonds de la somme de 45,000 livres, qui sera fournie
« et payée par nous soussignés, pour les parts et portions
« qui seront écrites de nos mains..... *le tout jusqu'à*
« *concurrence de ladite somme de 45,000 livres, sans que*
« *nous puissions être tenus ni engagés d'y mettre plus*
« *grand fonds et capital,* si ce n'est de notre volonté et
« consentement, à laquelle raison dudit premier fonds
« nous participerons au profit et à la perte qu'il plaira à
« Dieu d'y envoyer, tant par mer que par terre. »

Richelieu, pour encourager cette entreprise, assura aux
associés le monopole du commerce et de la colonisation
de ces parages (31 août 1626) : « Avons donné et don-
« nons congé aux dits d'Enambuc et du Rossay d'aller
« peupler, *privativement à tous autres,* lesdites isles. »

Cette première société ne fut jamais, à vrai dire. qu'un
projet. La réalisation en fut-elle empêchée par les troubles
politiques du temps, ou par l'insuffisance du capital (2)?
C'est ce que rien ne nous apprend. Quoi qu'il en soit, une
nouvelle organisation de l'entreprise, toujours sous l'ins-
piration de Richelieu, fut bientôt établie sur des bases
plus larges. Voici, sous le nom de *contrat de rétablisse-*

---

(1) Saint-Christophe est une des premières îles où aborda Christophe Colomb (1493) : c'est, avec la Colombie, la seule partie de
l'immense continent dont la découverte lui est due qui ait gardé son
nom jusqu'à nos jours.

(2) Il faut cependant ajouter aux 45,000 livres l'achat de vaisseaux dont le prix était estimé d'avance à 80,000 livres.

ment de la compagnie des Isles de l'Amérique, les statuts
de cette nouvelle société :

« ART. Ier. Nous avons avisé qu'il y aura désor-
« mais quatre directeurs de ladite compagnie et société,
« qui auront le soin et entier maniement des affaires
« d'icelles.... Ne pourront toutefois lesdits directeurs
« obliger la compagnie que *jusqu'à concurrence des fonds*
« *d'icelle.*

« ART. II. Que tous les premiers mercredis du mois,
« lesdits directeurs s'assembleront à deux heures après
« midi, au logis de M. Fouquet, conseiller du Roy en
« son conseil d'État, l'un des associés, pour aviser à ce
« qui sera à faire pour le bien de la compagnie, *à la-*
« *quelle assemblée tous les associés pourront se trouver* si
« bon leur semble, pour savoir les affaires qui s'y propo-
« seront et en dire leur avis.

« ART. III. Qu'il sera fait une *assemblée générale*
« *de la compagnie tous les ans,* où tous lesdits associés
« seront obligés de se trouver, ou envoyer leurs procura-
« tions à l'un des associés, non à d'autres. . . . . Et
« les associés qui ne s'y trouveront ou n'envoieront leurs
« procurations, ne laisseront d'être obligés aux résolu-
« tions qui auront été prises en ladite assemblée géné-
« rale. . . . .

« ART. V. Que tout ce qui sera proposé esdites assem-
« blées générales ou particulières sera décidé par la
« pluralité des voix des associés qui s'y trouveront. . . .

« ART. XIII. Aucun de nous ne pourra vendre la part
« qu'il a en la société, à autre qu'à l'un des associés ; et,
« en cas qu'il la vende à un autre que de la compagnie,
« il sera au pouvoir de la compagnie de rembourser celui
« qui l'aura acceptée. »

Le contrat est signé : « Fouquet, ayant-charge de M. le car.
dinal de Richelieu, et en son nom..... » Suivent les signatures de dix ou douze personnages considérables du temps.

Si on recherche les caractères juridiques de ce contrat,
on rencontre presque tous ceux qui distinguent la société
anonyme moderne. Le premier est la limitation de la responsabilité ; il résulte clairement des mots : *jusqu'à concurrence de ladite somme de 45,000 livres, sans que nous
puissions être tenus ni engagés d'y mettre plus grand fonds
et capital. . . . . Ne pourront toutefois, lesdits directeurs,
engager la compagnie que jusqu'à concurrenee des fonds
d'icelle.* Le second principe fondamental des sociétés anonymes est la *cessibilité* des actions (1). La première phrase
de l'article **XIII** semble exclure toute possibilité de cession
à d'autres qu'à un associé ; mais on voit bientôt que cet
article **XIII** se borne à donner un *droit de retrait,* dans le
cas où des parts auraient été vendues à des étrangers. Le
principe de la cessibilité est donc reconnu : s'il reçoit une
légère atteinte, c'est que nous ne trouvons encore ici
qu'une société particulière des *seigneurs des Isles d'Amérique ;* la *personne* des associés est encore prise en une
certaine considération. Mais je vais montrer, dans la société
qui a succédé à celle-ci, l'action devenue *cessible,* dans
le sens le plus large du mot.

Dès 1626, on voit l'organisation de la société se former
telle qu'elle est restée de nos jours : une assemblée générale où les associés se réunissent tous les ans, et déli-
bèrent à la pluralité des voix, quatre directeurs chargés de
gérer la compagnie, et rendant compte de leur gestion aux
associés, etc.

(1) V. *Droit français actuel,* ch. II.

Ce premier essai de société anonyme réussit. En 1642, Louis XIV, dans le préambule d'un nouvel édit, exprime ainsi sa royale satisfaction : « . . . . . Par les travaux, « dépenses et bonne conduite de ladite compagnie, la « colonie des Français s'est tellement accrue, qu'au lieu « de l'île Saint-Christophe seule, il y en a maintenant trois « ou quatre peuplées, non seulement de quatre mille per- « sonnes que la compagnie était obligée d'y faire passer « en vingt années mais, de plus de sept mille habitants, avec « bon nombre de religieux de divers ordres, et des forts « construits et munitionnés pour la défense du pays et la « sécurité du commerce. »

De pareils résultats étaient encourageants. Aussi, Louis XIV, dont le nom laisse apparaître derrière lui la grande figure de Colbert, voulut-il donner un nouvel élan à ces entreprises hardies. En 1664, il créa deux grandes compagnies, pour la colonisation des deux pays dont la conquête était tentée tour à tour par les diverses nations maritimes de l'Europe : c'étaient la compagnie des Indes-Orientales, chargée d'acquérir à la France le pays dont Vasco de Gama avait montré la route, et la compagnie des Indes-Occitentales, qui devait conti- nuer l'œuvre déjà commencée dans ce nouveau conti- nent découvert par Christophe Colomb. — Je m'oc- cuperai plus spécialement de cette dernière compagnie, parce qu'elle est la continuation de celle dont j'ai exposé l'origine.

La compagnie des Indes-Occidentales, qui ne fut qu'un agrandissement de la compagnie des Isles-d'Amérique, fut établie par les édits des 28 mai, 11 et 31 juillet 1664. Voici les principaux articles des statuts :

« . . . . . Art. II. Ladite compagnie sera composée

« de tous ceux de nos sujets qui voudront y entrer, de
« quelque qualité et condition qu'ils soient. . . . . .

« ART. III. Tous ceux qui voudront entrer dans la so-
« ciété y seront reçus pour telle somme qu'il leur plaira,
« qui ne pourra, néanmoins, être moindre de 3,000 livres.

« ART. IV. Ceux qui mettront en ladite compagnie
« depuis 10 jusqu'à 20,000 livres pourront assister aux
« assemblées générales et y avoir voix délibérative. . . . . .

« ART. VII. Les intéressés en ladite compagnie pour-
« ront *vendre, céder et transporter les actions* qu'ils auront
« en icelle, *à qui et ainsi que bon leur semblera.*

« ART. VIII. Sera établie, en la ville de Paris, une
« chambre de direction composée de neuf directeurs
« généraux, élus par la compagnie.

« ART. IX. Sera tenue tous les ans une assemblée gé-
« rale. . . . .

« ART. XV. La compagnie fera seule, à l'exclusion
« de tous autres qui n'entreront en icelle, le commerce
« et la navigation dans lesdits pays. »

L'article XVI établit sur tous les vaisseaux « qui feront
leur cargaison et équipements au Port-de-France » un
droit de péage au profit de la compagnie; l'article XVIII
lui concède les droits de rendre la justice, de faire la guerre,
de conclure des traités, etc.

Cette société, ainsi organisée, est la véritable société
anonyme, avec les caractères qui la distinguent encore
aujourd'hui : outre la limitation de la responsabilité et le
mode d'administration et de gestion, qui se trouvaient déjà
dans la société de 1626, on voit apparaître ici le principe de la
cessibilité absolue des actions. La personne de l'associé
n'est plus considérée. Qu'importe à la compagnie que le
souscripteur soit tel ou tel? Elle ne les connaît pas. Dès

lors, l'action peut être cédée librement, comme le dit l'article VII, *à qui et ainsi que bon semblera* (1).

J'ai donc montré, dans l'ancien droit français, l'exemple de ces sociétés anonymes dont les Romains n'avaient même pas pressenti le principe. Il serait sans intérêt maintenant de passer en revue chacune des sociétés semblables qui ont pu se créer et s'éteindre pendant les règnes de Louis XIV, Louis XV et Louis XVI. Il est cependant une entreprise qui, par sa grandeur au moins autant que par sa témérité, a attiré l'attention de tous ceux qui se sont occupés des grandes associations commerciales de l'ancien régime, et que je ne puis passer sous silence.

Cette œuvre immense, que l'on a appelée le système de Law, ne s'est point établie tout à coup avec ces proportions gigantesques qui faisaient, en apparence, sa grandeur et son succès, et qui, en réalité, causèrent sa perte. La première idée du hardi novateur avait été simplement de créer en France une banque à l'imitation de celles qui existaient déjà à Venise, Amsterdam et Hambourg, dont le but était d'économiser le transport des monnaies, en employant pour les paicments des billets au porteur, et de faciliter les transactions commerciales au moyen de comptes-courants ouverts par la banque au profit des négociants. C'est dans ce sens que furent rédigées les lettres-patentes des 2 et 20 mai 1716, portant création de la *Banque gé-nérale*. Voici, en ce qui regarde son organisation, le résumé des statuts de cette nouvelle société anonyme (2) :

Le premier article fixe le fonds de la banque à 1,200 ac-

____

(1) V. la discussion du principe de cessibilité absolue (*Droit français actuel*, ch. ii).

(2) Ce résumé est tiré de l'*Encyclopédie méthodique* (Panckoucke, 1783), au mot *Banque de commerce*.

tions de 1,000 écus de banque chacune, revenant à 6 millions argent comptant. La responsabilité de la société est limitée à ce capital.

Le deuxième article établit qu'il sera tenu deux assemblées générales par année.

Le sixième entend que, dans ces assemblées générales, tout se décidera à la pluralité des voix, qui seront comptées, savoir : une voix pour chaque actionnaire qui aura cinq actions, et au-dessus, jusqu'à dix ; deux voix pour celui qui aura dix actions, jusqu'à quinze, etc., ceux qui auront moins de cinq actions n'ayant pas de voix.

Dans le quatorzième, il est parlé du registre pour la vente et transport des actions, sur lequel l'actionnaire vendeur signera sa vente et transfert.

On le voit, c'est encore là une société anonyme, avec limitation de la responsabilité et négociabilité des actions. C'est cette société anonyme qui, conservant toujours les mêmes bases, obtient le privilége de la colonisation de la Louisiane, puis devient bientôt *Banque royale*, en vertu de la déclaration du 4 décembre 1718. Elle s'accroît alors avec une rapidité vertigineuse et absorbe dans son sein toutes les grandes entreprises qu'elle trouve autour d'elle : le 23 février 1720, la grande compagnie des Indes-Orientales qui, le 15 décembre 1718, avait déjà englobé elle-même la compagnie du Sénégal ; le 10 septembre 1720, la compagnie de Saint-Domingue ; le 27 septembre 1720, la compagnie de la côte de Guinée, etc. Law acquiert encore la ferme des tabacs, puis un arrêt du conseil, du 27 août 1720, lui donne le bail des fermes générales. Il n'y a plus en France qu'une seule entreprise qui colonise, fait la banque, perçoit les impots : dès lors, l'engouement du public n'a plus de bornes ; les actions, multipliées à l'infini, s'élèvent à 10,000 fr., vingt fois leur valeur nominale, et plus de quarante fois la valeur argent comptant qu'elles avaient eue sur la place, lors de la première émission. Elles ne s'arrêtèrent pas là. L'*Histoire du système des finances* (t. II-III) prétend que les actions allèrent à 18 et 20,000 francs; mais cela n'est pas constaté (1).

Une telle valeur ne pouvait pas se soutenir; d'ailleurs, l'émission des billets de la banque avait atteint un chiffre (2) hors de toute proportion avec les espèces métalliques existant alors dans le royaume. La ruine de la banque était donc certaine le jour où le public, revenu de sa folie, songerait à réclamer en argent la valeur représentée par les billets en circulation. Ce jour ne se fit pas attendre : la réaction fut d'autant plus violente, le discrédit d'autant plus rapide, que la confiance avait été plus irréfléchie. Le gouvernement eut beau proscrire la monnaie et établir le cours forcé des billets; rien ne pouvait plus consolider cet édifice si légèrement construit et qui s'écroulait de lui-même. Bientôt la valeur des billets fut réduite graduellement de moitié : c'était la banqueroute. La banque en vint à suspendre ses paiements, excepté pour les billets de 10 fr. : c'était la ruine pour tous ses créanciers. Le 14 décembre 1720, Law quitta la France, qu'il laissait dans de grands embarras. Son entreprise, féconde et utile tant qu'elle n'avait eu pour but que la fondation d'une banque particulière, s'était perdue par son alliance même avec le pouvoir, dont elle était dès lors forcée de satisfaire tous

(1) V. Henri MARTIN, t. XVII, p. 204; — LEMONTEY, *Histoire de la Régence*, t. II.

(2) Dans un arrêt du conseil du 10 octobre 1720, le régent avoue officiellement l'émission de *trois milliards soixante et onze millions* de billets.

les caprices. La principale cause de sa chute fut cependant
dans la crédulité et l'engouement du public : son succès
inouï l'avait forcé à étendre sans mesure ses opérations,
et avait semblé autoriser d'avance toutes les témérités qui
ont amené sa perte.

La tentative de Law nous donne le dernier exemple
d'une grande société anonyme fondée sous les auspices de
la royauté. Elle avait absorbé toutes les autres. Après sa
chute, on voit la compagnie des Indes-Orientales se refor-
mer à part et continuer ses opérations de colonisation et
de commerce maritime jusqu'à la Révolution. Quel fut
donc au juste, au point de vue spécial dont je m'occupe,
l'héritage laissé par l'ancien régime? Au point de vue des
principes juridiques, j'ai montré la société anonyme attei-
gnant, dès 1664, sa pleine formation et réunissant tous
ses caractères distinctifs. Il y avait là un élément nouveau
que le génie de nos rois et de leurs grands ministres
avait su faire naître dans l'espérance de donner à la
colonisation française une force jusqu'alors inconnue,
celle qui résulte de l'union des capitaux empruntés à tous.
L'idée était féconde, et cependant les résultats furent bien
mesquins : à la veille de la tempête révolutionnaire, une
seule de ces grandes compagnies subsistait (1), et elle
voyait tous les jours décroître ses bénéfices dans une proportion inquiétante. D'où venait cette faiblesse? Ne peut-
on pas en voir la cause précisément dans ce qui devait,

(1) La compagnie des *Indes-Occidentales*, dont j'ai montré les
brillants débuts, s'éteignait dix ans après son organisation définitive :
en 1674, le roi, n'attendant plus de résultats sérieux de cette société,
acquit pour lui-même et réunit à son domaine « toutes les terres,
isles et possessions » qu'il lui avait cédées, et remboursa toutes les
actions des particuliers.

aux yeux des fondateurs, faire la force de ces associations, le *monopole?* Je me suis attaché jusqu'ici à faire ressortir les caractères juridiques de ces grandes sociétés anonymes; mais il est aussi, à un autre point de vue, un trait commun à toutes ces entreprises : c'est le privilége concédé par le roi de faire *privativement à tous autres* le commerce qui fait l'objet de la société. C'était écarter des nouvelles colonies tout le commerce étranger et tout le commerce français qui n'était pas celui de la Compagnie elle-même. En même temps, les colonies étaient obligées de tirer de la métropole tous les produits qu'elle ne pouvait tirer de leur propre sein. Ainsi gênées et dans l'exportation, et dans l'importation, elles ne purent se développer ; et la Compagnie ne s'apercevait pas que, pour empêcher tous les autres de puiser à cette source de bénéfices, elle la tarissait elle-même à son propre préjudice.

Le privilége des compagnies avait été vivement attaqué par les économistes du XVIIIe siècle. La Révolution, dans sa période d'aveuglement, exagéra leurs idées, et se laissant emporter d'ailleurs par sa haine pour tout ce qui portait le nom de *privilége*, elle supprima, non seulement le monopole, mais les compagnies elles-mêmes. Un décret du 24 août 1793 porte :

« ART. Ier. Les associations dont le capital repose
« sur des actions au porteur, ou sur des effets négocia-
« bles, ou sur des inscriptions sur un livre, transmissibles
« à volonté, sont *supprimées* et se libéreront d'ici au
« 1er janvier prochain.

« ART. II. A l'avenir, il ne pourra être établi, formé
« et conservé de pareilles associations et compagnies sans
« l'autorisation du Corps législatif (1). »

(1) Ce même décret, qui anéantissait la compagnie des Indes, en

La date même de ce décret peut aussi faire supposer qu'il n'y eut là qu'un des épisodes de cette malheureuse guerre entreprise, en faveur des assignats, contre tout ce qui pouvait faire à ce papier déprécié (1) une concurrence quelconque : c'est en effet l'*action au porteur*, les *effets négociables,* que le décret du 24 août 1793 semble vouloir faire disparaître.

Quoi qu'il en soit, quand, après ces jours d'orage, on songea, dans la refonte générale de nos lois, à créer une législation commerciale, la société anonyme ne fut pas oubliée. Elle avait vécu jusqu'à présent dans les hautes sphères de l'initiative et de la réglementation royales (2) : avec le code de commerce elle descendit dans le domaine du droit commun et fut mise à côté de la société en nom collectif et de la société en commandite (art. 19, C. de commerce). Toutefois, l'idée de la nécessité de l'intervention du pouvoir central dans la création des sociétés anonymes ne fut pas complètement abandonnée, et l'autorisation du conseil d'État, exigée par l'art. 37 du Code de commerce, me semble avoir été un souvenir des édits et lettres royaux de l'ancien régime. Sans doute, l'idée de garantir le public contre les excès de la spéculation et de l'agiotage ne fut pas étrangère à l'institution de ce contrôle confié à l'État (3); mais les précédents historiques

ordonnait la liquidation dans les art. 36 et suiv. — V. aussi un décret du 26 germinal an II (15 août 1794).

(1) En août 1793 (date du décret), les émissions d'assignats avaient atteint le chiffre de *cinq milliards,* et ce papier n'était plus reçu que pour le sixième de sa valeur nominale.

(2) Ce genre de sociétés n'avait jamais été, dans l'ancien droit, soumis au droit commun : c'est ce qui explique comment la fameuse ordonnance de 1673 n'en fait même pas mention.

(3) V. l'exposé des motifs du projet de loi du t. Ier du C. de comm.

ne furent pas non plus sans influence sur l'esprit du législateur, car il ne songea pas à soumettre à une réglementation quelconque la société en commandite qui présentait, en fait, les mêmes périls. On s'aperçut plus tard que la société en commandite nécessitait aussi des garanties, et la loi du 25 juillet 1856 vint lui imposer le frein qui lui manquait. La société anonyme n'avait pas besoin de cette réglementation générale, car chacune de ces sociétés devait toujours présenter ses statuts à l'approbation spéciale du conseil d'État. La loi de 1856 ne s'appliquait donc pas aux sociétés anonymes ; mais une fois l'attention attirée sur ces réformes, on ne tarda pas à s'apercevoir qu'au point de vue théorique, l'autorisation du conseil d'État n'était autre chose qu'une anomalie et une inconséquence, la limitation de la responsabilité rentrant dans les clauses licites des conventions ordinaires : on vit d'ailleurs qu'au point de vue pratique, cette autorisation présentait bien des inconvénients (1), et que tous les services qu'elle avait rendus le seraient encore plus sûrement par une loi de réglementation analogue à celle de 1856. Cependant, on n'osa pas tout à coup émanciper la société anonyme de la tutelle administrative. La loi du 5 mai 1863 ne fit qu'un premier pas ; elle permit la création sans autorisation de véritables sociétés anonymes, sous le nom de *sociétés à responsabilité limitée,* mais à condition que le capital ne dépasserait pas un certain chiffre (20 millions). La plupart des règles concernant les sociétés en commandite furent étendues à cette nouvelle espèce de sociétés, et on y ajouta quelques dispositions spéciales.

Du moment où l'on reconnaissait qu'une société ano-

____

(1) V. *Droit français actuel,* ch. Ier.

nyme pouvait se créer, par la seule force de la convention, en dehors de toute intervention du pouvoir supérieur, ce principe, une fois admis, ne pouvait plus être arrêté par une limitation arbitraire. Aussi la loi de 1867 vint-elle proclamer la liberté des sociétés anonymes. Je vais m'occuper maintenant de cette loi et de la nouvelle situation qu'elle fait aux sociétés qu'elle réglemente.

TROISIÈME PARTIE.

DROIT FRANÇAIS ACTUEL

(LOI DU 24 JUILLET 1867).

CHAPITRE PREMIER.

PRINCIPES GÉNÉRAUX.
DE LA LIMITATION DE LA RESPONSABILITÉ.

La société est un contrat par lequel deux ou plusieurs personnes conviennent de former un fonds commun, au moyen de mises à fournir par chacune d'elles, dans la vue de faire valoir ce fonds et de partager les bénéfices qui pourront résulter de l'emploi qu'elles en feront (1).

Les principes généraux des sociétés sont posés par le Code civil, articles 1832 et suiv. Lorsque les actes faits pour faire valoir le fonds commun constituent des *actes de commerce*, la société est *commerciale*, et, comme telle, soumise à certaines règles spéciales qui font l'objet des articles 18 à 64 du Code de commerce. Ce Code distingue trois espèces de sociétés commerciales :

---

(1) AUBRY et RAU, sur *Zach.*, IIe part., l. 1, § 377.

1º La société en nom collectif, où tous les associés sont tenus *in infinitum* de tous les engagements valablement contractés au nom de la société, et en répondent sur tous leurs biens : c'est la société de *personnes ;*

2º La société anonyme, où les associés ne sont tenus des dettes de la société que dans la limite de ce qu'ils ont apporté : c'est la société de *capitaux ;*

3º La société en commandite, mélange des deux autres sortes de sociétés, où quelques-uns des associés sont tenus sur tous leurs biens, les autres seulement dans la limite de leur apport : société de personnes, si l'on considère les premiers associés ; de capitaux, si l'on considère les seconds.

C'est la deuxième espèce de sociétés, la société anonyme, que je voudrais étudier ici.

En supposant connues les règles générales sur les sociétés commerciales, je chercherai d'abord, dans ce chapitre, à dégager le caractère principal qui distingue la société anonyme, et j'examinerai en même temps les conséquences théoriques que l'on a voulu en tirer au point de vue de la réglementation de ces sociétés.

Dans la société anonyme, ai-je dit, l'associé (auquel je donnerai dorénavant le nom d'*actionnaire*, sa part dans la société s'appelant une *action)* n'est tenu que dans la limite de ce qu'il apporte. Une société se fonde qui veut réunir un capital de 20 millions ; pour cela, elle divise cette somme en 4,000 actions de 500 fr. chacune, et elle invite le public à souscrire, à acheter ces actions. Celui qui souscrit une action de 500 fr. promet 500 fr. à la société et acquiert en échange le droit de prendre sa part (1/4000) dans l'actif de la société. Son droit est donc illimité en principe, tandis que son obligation se renferme strictement dans l'apport qu'il a promis : les tiers ne pourront le poursuivre au-delà de la somme promise, et leur gage est restreint à l'ensemble des capitaux apportés par chacun des associés, c'est-à-dire, dans l'espèce, à 20 millions.

On voit donc ressortir dans toute sa force, et avec toute sa simplicité, la dérogation au droit commun qui constitue le caractère essentiel de la société anonyme. *Qui s'oblige, oblige le sien,* disaient nos anciens auteurs ; et, ici, nous voyons une personne engagée et l'ensemble de son patrimoine rester en dehors de l'engagement ! De nombreux auteurs, s'emparant de cette idée, ont voulu voir là une singulière faveur accordée par la loi aux actionnaires. Substituer à l'engagement indéfini une responsabilité si étroitement limitée, n'est-ce point là, disent-ils, le renversement de tous les principes ordinaires ? « Il est de « droit commun, en matière de société commerciale, que « les associés sont personnellement et solidairement res- « ponsables pour les actes qu'ils font au nom et pour le « compte de la société. . . . . . Si le législateur a ap- « porté une *exception à la règle*, il n'a introduit cette « dérogation au droit commun que sous la condition « formelle que la société obtiendrait l'autorisation du « gouvernement (1). » En effet, ajoute-t-on, la loi qui,

______

(1) Ce sont les termes mêmes d'un arrêt rendu le 1er juin 1836, par le tribunal de Bruxelles. — Dans une enquête faite en Angleterre, en 1838, M. Thooke soutint aussi que la limitation de la responsabilité n'était pas un *droit,* mais un *privilége.* — Je n'ai trouvé ce système exposé théoriquement dans aucun ouvrage de droit français ; mais il est facile de se convaincre de l'influence qu'il exerce sur les meilleurs esprits, en lisant les débats du Corps législatif (séance du 28 mai 1867, *Moniteur* du 29, discours de M. Forcade la Roquette).

pour faciliter les associations, a fait taire l'une des plus anciennes règles de la tradition, peut bien, en échange, imposer à ceux qu'elle favorise ainsi la réglementation qu'il lui plaira d'adopter. — On a cru trouver là la base d'un système de restriction, qui n'aurait point à s'inquiéter du principe de la liberté des conventions, puisque, en vertu de ce principe lui-même, celui qui donne peut imposer à sa donation telles conditions qu'il lui plait ; or, ici, la loi *donne,* ou, ce qui revient au même, elle fait une *remise,* elle *remet* aux actionnaires tout ce qui, dans l'engagement *in infinitum,* dépasserait leur apport.

Le raisonnement pourrait être juste, si, par malheur, les prémisses n'étaient pas inexactes. En se fondant sur la vieille règle déjà citée, ces auteurs pensent qu'il faudra, pour les ébranler, s'attaquer d'abord à l'imposant et solide édifice de la tradition ; mais la tradition est-elle bien ce qu'ils supposent ? Quel était et quel est encore le sens de la maxime : *Quiconque s'oblige, oblige le sien ?* On ne peut y voir, à mon avis, qu'une présomption, une interprétation de volonté. Lorsqu'une personne promet cent, elle confère à ses créanciers le droit de poursuivre l'exécution de cet engagement : sur quels biens ? Il n'en a point été question dans le contrat ; il sera donc loisible au créancier de s'en prendre à un bien quelconque du débiteur, et, ce bien ne suffisant pas, à toute autre partie de son patrimoine. Le débiteur serait assurément fort peu fondé à dire : « Le bien sur lequel vous me poursuivez n'est pas compris dans le gage de mon créancier ; » car celui-ci lui répondrait victorieusement : « Quiconque s'oblige, oblige le sien. » Mais si je promets cent à quelqu'un, en stipulant, du consentement de mon créancier, qu'il ne pourra poursuivre son paiement que sur tel de mes meubles ou immeubles, quel serait le sens de cette convention, si ce n'était de mettre le reste de mon patrimoine à l'abri de toute poursuite, si bien que le meuble ou l'immeuble étant insuffisant, je serais néanmoins complètement libéré? L'actionnaire fait-il autre chose? Une pareille convention n'a rien d'illicite ; elle était parfaitement valable dans notre ancien droit, sous le nom d'*assignat limitatif*, et elle n'était nullement contraire à la règle : quiconque s'oblige, oblige le sien. L'article 2092 n'a fait que reproduire cette règle ; les termes sont à peu près les mêmes, et l'esprit n'en saurait être plus sévère et plus intolérant. Si donc il est vrai qu'en l'absence de toute stipulation contraire, les parties sont *présumées* s'engager sur tous leurs biens, elles conservent cependant pleine et entière la faculté de restreindre l'engagement par une convention librement intervenue entre le créancier et le débiteur. Dès lors, la loi n'a fait que *reconnaître* aux actionnaires *un droit* qui appartient à tous, et elle ne peut exiger le prix de sa prétendue *libéralité*.

Le système restrictif s'appuie sur un nouvel argument. C'est toujours la même tactique : il faut donner au législateur le droit d'intervenir en maître, en échange d'une concession qu'il aura faite aux parties ; seulement, cette concession, on ne la cherche plus dans la limitation de la responsabilité, mais dans la création d'un *être moral*. Les sociétés de commerce sont des personnes fictives, et la société anonyme semble, plus que toute autre, jouir des avantages attachés à cette qualité. Or, cet être fictif, c'est la loi qui l'a créé ; elle peut bien, en échange de la vie qu'elle lui a donnée, lui imposer ses sages volontés !

J'ai beaucoup hésité sur la valeur de cet argument. Je crois devoir reconnaître que l'esprit du Code civil, encore plus que des textes fort peu précis, refusait aux sociétés civiles ce qu'on a appelé la *personnalité* : mais doit-on en conclure que le Code de commerce, en accordant ce caractère aux sociétés de commerce, déroge aux principes généraux du droit? Il me semble plutôt que les rédacteurs du Code civil, habitués à trouver dans Pothier le guide le plus sûr, ont ici suivi son sentiment avec plus de confiance que de réflexion, et qu'ils auraient dû, contrairement à sa doctrine, admettre la personnalité des sociétés civiles. Quel est en effet, en législation et en raison pure, le seul argument que l'on oppose à ce principe? C'est la règle *Res inter alios acta, aliis neque nocere, neque prodesse potest.* Je crois que cette règle n'est nullement violée par les effets de la personnalité (1), par le droit de préférence qu'elle confère aux créanciers de la société, à l'encontre des créanciers personnels des associés. Dira-t-on, en effet, que la règle *Res inter alios...* s'oppose à ce qu'un débiteur puisse, par une convention à laquelle tous ses créanciers ne sont pas parties, donner à l'un d'eux un droit de préférence sur tout ou partie de ses biens? Mais qu'est-ce donc alors que le contrat d'hypothèque? qu'est-encore que la donation faite de bonne foi de part et d'autre? La partie de la règle invoquée n'est donc pas qu'une convention ne peut jamais porter préjudice à un tiers qui n'y a point été partie; car un débiteur peut faire toutes espèces de conventions, tendant plus ou moins directement à diminuer son patrimoine, gage de ses créanciers (sauf, bien entendu, l'application de l'art. 1167). Ce qui est interdit par notre règle, c'est d'abord d'engager directement un tiers, de promettre son fait (art. 1119);

(1) V. *Droit romain,* ch. III.

c'est aussi de porter atteinte à un *droit acquis* par lui, comme d'hypothéquer le bien qu'il a saisi. Mais le créancier qui se contente du gage général qui lui revient en vertu de l'art. 2092 ne peut empêcher son débiteur de diminuer ce gage par des conventions faites de bonne foi : en mettant une partie de ses biens libres dans une société formant une personne morale, ce débiteur ne fait donc que ce qui lui est permis par le droit commun.

J'inclinerai donc à penser que le Code civil a eu tort de refuser aux sociétés le caractère de personnalité, et que le Code de commerce n'a fait, en le leur concédant, que reconnaître les effets ordinaires de la convention. Il n'y a donc pas là une *faveur* accordée aux sociétés commerciales : c'est, au contraire, un retour aux principes; c'est, si l'on veut, une *restitution* faite par la loi, mais dont elle ne saurait se prévaloir pour imposer une réglementation arbitraire.

Je pense donc que le contrat de société anonyme rentre dans le droit commun des contrats, et qu'il n'est aucune raison de créer pour lui, ou plutôt contre lui, une classe à part où il ne pourrait invoquer les règles ordinaires. J'avoue que j'eusse peut-être été tenté de céder à la tendance générale, en confiant au législateur une sorte de dictature qui lui permît de parer aux dangers de l'agiotage et des fraudes. Mais je crois que l'on peut trouver, sans sortir des moyens ordinaires et par l'application des principes généraux, les remèdes les plus efficaces à cette périlleuse situation. Si, en effet, la liberté des conventions ne doit pas plus être exclue du contrat de société que de tout autre, il faut aussi que les principes qui garantissent l'ordre public et les bonnes mœurs, les pénalités qui punissent les fraudes, soient appliqués ici avec toute l'énergie que réclame l'intérêt général. Si, d'après l'art. 1134, les conventions forment la loi des parties, l'art. 6 veut qu'une loi supérieure préside à tous les actes juridiques; c'est celle qui impose, avant tout, le respect de la morale et de la justice.

La législation antérieure (1) avait donc, à mon sens du moins, violé les principes du droit, en exigeant l'autorisation du gouvernement pour la création des sociétés anonymes, et c'est avec raison et avec justice que la loi nouvelle a fait disparaître cette barrière administrative (2). La tutelle de l'État avait tenté de se substituer à la vigilance individuelle : elle s'efface maintenant, en reconnaissant à la fois son incompétence pour intervenir dans des conventions privées, et son impuissance à veiller sur les intérêts des autres; elle rend à chacun la gestion de ses propres affaires, et ne veut plus voir dans les actionnaires une nouvelle classe d'incapables auxquels il fallait accorder une protection absolue contre leur faiblesse et leur ignorance. Et qui donc, en effet, est meilleur juge de ses intérêts que les intéressés eux-mêmes? L'État, dit-on, a des lumières qui ne sont pas à la disposition des particuliers : je réponds en exigeant des sociétés qu'elles fournissent au public tous les renseignements qu'elles communiquaient autrefois au conseil d'État pour obtenir son autorisation. L'intervention administrative disparaît donc sans inconvénient, et il serait même désirable que l'on

(1) V. *Ancien Droit français.*

(2) V. un article de M. Batbie, professeur d'économie politique à la Faculté de Droit de Paris (*Revue des Deux-Mondes,* 15 fév. 1868) : « .... C'est un grand progrès que la substitution d'une légalité, « même sévère et étroite, au bon plaisir administratif. »

pût effacer jusqu'à son souvenir et jusqu'aux habitudes qu'elle a introduites dans la pratique des affaires. Le public s'est accoutumé à accueillir avec une confiance quelque peu aveugle les sociétés autorisées. Il en est résulté qu'au lieu de s'éclairer et de s'aguerrir par l'expérience et l'exercice de la liberté, il a laissé s'amollir son activité individuelle, abandonnant au conseil d'État le soin de l'enquête et la responsabilité de la décision. Les actionnaires se trouveront donc peut-être un peu embarrassés d'abord, quand il leur faudra, par eux-mêmes, voir les choses et juger les hommes : et sans doute il y a là un reste fâcheux de l'ancienne législation qui nous place, pour quelque temps encore, dans une situation inférieure nécessitant des précautions nouvelles. — Je pense donc que la loi du 24 juillet 1867, au moins dans sa disposition la plus saillante sur les sociétés anonymes, constitue un véritable progrès sur la législation antérieure. L'Angleterre nous avait précédé dans cette voie : ses premiers pas furent les actes de 1856 et 1857; enfin, l'acte du 7 août 1862 n'exige plus aujourd'hui, pour les sociétés anonymes, que de simples garanties de publicité (1).

A l'aide des principes que j'ai posés dans ce chapitre, je vais pouvoir examiner si les dispositions de la loi de 1867 sont en tous points conformes à l'idée libérale qui a inspiré cette innovation, ou si nous n'aurons point au contraire à regretter de voir quelquefois le législateur reculer vers une réglementation exagérée (2).

(1) V. *Journal des Économistes,* n° de janvier 1867.

(2) J'ai cherché consciencieusement, et même, je l'avoue, avec un certain parti pris, à faire rentrer toutes les dispositions de la loi de 1867 dans le cercle qui me semble être celui des véritables principes : à mon grand regret, je n'ai pu toujours y réussir. Me blâ-

CHAPITRE II.

DIVISION DU CAPITAL EN ACTIONS.
NÉGOCIABILITÉ DES ACTIONS.

———

L'idée de société implique nécessairement une double conséquence : un apport fait par les associés, et un partage des bénéfices à faire entre eux. Dans les sociétés ordinaires, les apports peuvent varier à l'infini, et les parts à faire varieront dans les mêmes proportions (art. 1853, C. N.). Dans les sociétés anonymes, l'étude même de la loi de 1867 nous montrera qu'on y retrouve la même variété dans les apports : mais ici, les droits des associés prennent tous une forme identique. L'actif de la société est fictivement déguisé en un nombre déterminé de parties égales entre elles : ces parties de l'avoir social prennent le nom d'actions. Chacun des associés peut en posséder un nombre quelconque : elles sont mises en vente lors de la création de la société, et celui qui, répondant à l'appel des fondateurs, s'engage à fournir un certain nombre de

mera-t-on de m'être fait le juge de la loi ? Peut-être m'excusera-t-on, au contraire, si je rappelle que la loi de 1867, sur laquelle il n'a encore été publié aucun commentaire, appartient encore tout entière au domaine de la critique : les lois ne passent dans les mœurs et n'acquièrent tous leurs droits au respect des commentateurs qu'après avoir subi l'épreuve du temps et avoir résisté victorieusement aux critiques de toutes sortes dont elles sont nécessairement l'objet.

parties du capital ainsi divisé, a droit en échange au même nombre de portions dans l'avoir social.

Mais quelle est la nature du droit de l'actionnaire dans la société? quels sont les liens qui unissent entre eux ces associés d'une nouvelle sorte? C'est là une question qu'il importe avant tout d'éclaircir.

L'actionnaire est devenu, par le fait même de sa souscription, débiteur de la société. Mais sa position est-elle identique à celle d'un débiteur ordinaire? J'ai déjà montré dans le chap. Ier que sa dette, au lieu de s'étendre à une *quotité,* c'est-à-dire à la part qu'il possède dans la société, est restreinte, en vertu de la limitation de la responsabilité, à une *quantité,* c'est-à-dire à la somme promise. Je veux examiner ici une seconde différence entre l'engagement d'un débiteur ordinaire et la dette d'un souscripteur d'actions; c'est la *négociabilité des actions.*

Dans les relations ordinaires de *personne à personne,* le lien qui unit le débiteur au créancier ne peut être modifié sans le consentement de ce dernier : son intérêt exige, en effet, qu'au débiteur qu'il a accepté parce qu'il connaissait sa solvabilité, on ne puisse substituer, malgré lui, un tiers qui peut ne pas présenter les mêmes garanties, ni mériter la même confiance. Ces principes sont certains et incontestés, et l'art. 1275 du Code civil les affirme, en exigeant, pour qu'il y ait novation par changement de débiteur, la *déclaration expresse du créancier* qu'il entend *décharger* son débiteur primitif.

Doit-on appliquer ces principes à la dette d'un souscripteur vis-à-vis de la société? Je ne le pense pas, et je m'appuie précisément sur ce que la raison de la règle que je viens d'indiquer disparaît complètement quand, au lieu de rapports de *personne à personne,* on n'a plus que des rapports de *capitaux à capitaux*. Lorsqu'une société fait appel au public, elle accepte toutes les souscriptions, de quelque part qu'elles viennent, et je n'ai jamais entendu dire que, dans les bureaux d'aucune compagnie, on ait refusé l'engagement d'un souscripteur parce qu'il était insolvable. Les personnes ici disparaissent complètement, et les employés de la compagnie reçoivent au guichet tout l'argent qui leur est apporté pour satisfaire au premier versement, sans regarder la main qui le donne, sans s'informer nullement si le souscripteur sera en mesure de remplir les engagements qu'il contracte pour l'avenir. La garantie de la société n'est pas dans une solvabilité dont elle n'a pas voulu, dont elle n'a pas pu s'enquérir; elle est simplement dans le titre même qu'elle délivre en recevant le premier versement, et qu'elle pourra reprendre si les versements postérieurs ne sont pas effectués. Qu'importe donc à la société qu'à une personne parfaitement inconnue succède une personne également inconnue? Le véritable débiteur, le seul sur lequel elle puisse compter, c'est l'action elle-même avec les droits qu'elle représente, et si elle n'a aucun intérêt à ce qu'un porteur soit remplacé par un autre, pourquoi lui donner le droit de l'empêcher? Là où il n'y a point d'intérêt, il n'y a point d'action, disent les jurisconsultes, et cette règle de droit est aussi et avant tout une règle de bon sens. L'action, par sa nature même, est donc destinée à passer de main en main, sans qu'il soit besoin du consentement spécial de la société qui l'a émise.

Mais, objecte-t-on avec M. Jules Simon, au Corps législatif (1), quel sera donc la valeur d'une obligation dont

(1) Séance du 29 mai, *Moniteur* du 30.

on pourra se décharger à volonté? Celui-là est-il véritablement engagé qui peut cesser de l'être quand cela lui
fera plaisir? n'y a-t-il pas là cette condition potestative
définie par l'article 1170 du Code civil (1), et qui, d'après
l'article 1174, rend nulle l'obligation contractée sous une
pareille modalité? Je réponds qu'on ne peut pas dire qu'il
dépend de la volonté d'un individu de se décharger d'une
obligation, quand il doit pour cela trouver une autre personne qui veuille bien s'en charger à sa place. On aurait
raison de voir là une *condition potestative*, si le débiteur,
pour transmettre son obligation à un tiers, n'avait qu'à en
avoir la volonté ; mais il serait puéril de chercher à démontrer la fausseté d'une pareille proposition. Ce qui
jette ici, je crois, une certaine confusion dans les idées,
c'est que l'action cédée est, pour ainsi dire, un titre à
double face. Elle constate *l'engagement du souscripteur* et,
comme telle, mention en est tenue sur les registres de la
société ; c'est ce point de vue que nous avons considéré
jusqu'ici. Mais il en est un autre inverse : l'action constate aussi un *droit du souscripteur* sur la masse des biens
de la société. Dans la plupart des cas, la société étant
prospère, le droit de l'actionnaire fera plus que compenser
la charge des engagements qui restent à exécuter ; alors,
sans doute, le porteur trouvera facilement à céder son
titre, il se déchargera *à volonté* de ses obligations ulté-
térieures. Mais qui ne voit qu'il n'y a là aucun danger
pour la société, puisque, si le nouveau porteur n'exécute
pas ses engagements, elle pourra, en reprenant son titre,

(1) « ART. 1170. — La condition potestative est celle qui fait
« dépendre l'exécution de la convention, d'un événement qu'il est
« au pouvoir de l'une ou de l'autre des parties contractantes de
« faire arriver ou d'empêcher. »

éteindre les droits de l'actionnaire contre elle-même, droits qui, nous l'avons supposé dans cette hypothèse, sont supérieurs aux obligations à remplir? En supposant l'hypothèse inverse d'une société dont les actions sont en baisse, croit-on qu'il soit bien dangereux de permettre à l'actionnaire de céder son titre, c'est-à-dire de transmettre ses obligations à un tiers? Supposons une action de 500 fr. sur laquelle un versement de 200 fr. a été effectué. Si le droit de l'actionnaire, au lieu des 500 fr. nominatifs, ne représente plus qu'une valeur réelle de 400 fr., il est évident que son action, en déduisant les 300 fr. qui restent à verser, ne vaudra plus que 100 fr.; si le droit attaché à l'action ne représente plus qu'une valeur de 301 fr., l'action, en lui faisant toujours subir la même déduction, ne vaudra plus réellement que 1 fr. Si le droit baisse encore de 1 fr., l'action ne vaudra plus rien. Je suppose, en effet, un droit de 300 fr. et une obligation de 300 fr. attachés à la même action : alors l'actionnaire cessera de trouver, à volonté, un cessionnaire ; nous atteignons la limite théorique à partir de laquelle il ne sera plus loisible de se décharger, suivant son bon plaisir, de ses obligations. Du moment qu'à la place d'un *droit,* l'actionnaire n'offrira plus au cédant qu'une *obligation,* il sera sûr qu'on mettra peu d'empressement à se charger des dettes d'autrui. Comment donc alors peut-on dire qu'il ne dépend pas du souscripteur de se décharger de son obligation?

Ce que l'on cède à volonté, ce n'est donc pas, comme on l'a dit, *l'engagement* du souscripteur : ce sont ses *droits,* et s'il est vrai que l'engagement soit cédé, ce ne peut être que comme accessoire d'un droit principal. Du moment où l'engagement dépassera le droit, alors il n'y aura plus de cession possible. Peut-on voir une condition potestative, là où il n'y aura qu'une impossibilité? L'engagement est donc sérieux, même en admettant la négociabilité, et il ne tombe pas sous la nullité des art. 1170 et 1174.

J'admettrai par conséquent le principe de la cessibilité absolue des actions (1). La société aura toujours un débiteur : si le premier souscripteur a cédé, ce sera le cessionnaire qui sera tenu. La société aura-t-elle perdu au change ? On ne peut le savoir *à priori*. On dit : « Mais ce cessionnaire peut être insolvable. » Cela est vrai, mais le premier souscripteur ne pouvait-il pas l'être aussi? Pourquoi supposer toujours l'insolvabilité chez le cessionnaire et jamais chez le cédant? L'hypothèse inverse est tout aussi vraisemblable ; et j'en conclus que la société, qui ne peut pas considérer les personnes et leurs garanties, n'a aucun intérêt à avoir pour débiteur, plutôt que celui qui est venu en second, et qu'à dire vrai elle ne connaît pas, celui qui est venu en premier et qu'elle ne connaissait pas davantage.

Toutefois, je rencontre ici une objection qui, au premier abord, semble fort grave. Il est une bonne raison, dit-on, pour que les cessionnaires soient insolvables plutôt que les cédants, et c'est celle-ci : lorsque les premiers souscripteurs auront vu leurs actions baisser au point qu'ils devront plus à la société que la société ne leur doit, ils s'empresseront, pour se dégrever de leur obligation, de chercher des gens qui voudront s'en charger et, au moyen d'un léger sacrifice, ils trouveront bien quelques *hommes de paille* au nom desquels ils passeront leurs actions. La société pourra venir alors exercer de vaines poursuites contre ces insolvables. — Mais cette

(1) V. *Ancien Droit français,* statuts de la Compagnie des Indes-Occidentales, art. VII.

opération, dont on parle comme d'une chose toute naturelle, est évidemment frauduleuse au premier chef; et,
quand on n'aurait pas pour la faire annuler la maxime
Fraus omnia corrumpit, la loi a été assez sage pour fournir au créancier (ici à la société) le moyen de faire tomber les actes qui seraient faits par son débiteur en fraude
de ses droits, art. 1167. De pareilles cessions sont donc
nulles, en vertu des principes mêmes du droit commun ;
la société pourra s'adresser aux cédants pour leur demander l'exécution d'obligations auxquelles ils n'ont pu
échapper par la fraude. Que si, en fait, on reconnaissait
que les scrupules de conscience et la crainte d'une poursuite civile ne suffisent pas pour empêcher d'aussi hon-
teuses manœuvres, je crois qu'il n'y aurait pas inconvénient
à créer pour ce cas un délit spécial, car je ne comprends
pas ceux qui poussent l'indulgence jusqu'à la faiblesse, en
refusant de soumettre à l'action pénale des faits réunissant
ces deux caractères d'une improbité évidente chez leurs
auteurs et d'un danger reconnu pour les tiers.

Je crois avoir établi que la règle de la nécessité du consentement du créancier au changement dans la personne
du débiteur ne peut nullement être invoquée par la société elle-même. Mais on a prétendu que les tiers, créanciers de la société, étaient gravement intéressés à ne pas
voir s'opérer dans les personnes des souscripteurs une novation qui pourrait remplacer nn débiteur solvable par
un insolvable. Je crois qu'il y a toujours ici la même mé-
prise. Les tiers, pas plus que la société, ne doivent compter sur la personne des souscripteurs, personne qui peut
disparaître d'un moment à l'autre ; les mutations opérées
peuvent aussi bien augmenter que diminuer le gage des
créanciers, puisque nous avons vu qu'elles peuvent aug-

menter ou diminuer la solvabilité des actionnaires, sans qu'on puisse savoir *à priori* auquel de ces deux résultats on viendra aboutir. La seule garantie pour les créanciers de la société, ce sont les fonds versés, avec le droit, si les versements ultérieurs ne sont point effectués, de faire vendre, au profit de la masse, les titres dont les porteurs n'auront point exécuté leurs engagements. D'ailleurs les tiers ne doivent pas compter sur le capital nominal de la société, qui n'est qu'un capital fictif : il pourra exister un jour, mais il n'existe pas encore, et ce serait, pour le public des obligataires, une étrange aberration de compter sur cette garantie. Aussi verrons-nous combien il importe de ne pas laisser la société étaler ce capital fictif en tête de ses prospectus, comme une amorce à la confiance et à la crédulité publiques. Mais, en écartant cette erreur contre laquelle on ne saurait trop prémunir les tiers, il est évident que ceux-ci, se rendant un compte exact des garanties réelles offertes par la société, proportionneront leur confiance et leur crédit au montant des sommes versées effectivement, et peuvent facilement éviter de tomber dans un aveuglement si dangereux.

En résumé, les relations entre l'actionnaire et la société présentent deux faces bien distinctes : d'un côté l'actionnaire, considéré comme souscripteur, est débiteur de la société ; d'un autre, il est son créancier, car, par le fait même de sa souscription, il a acquis un droit à une part déterminée dans l'actif social. Comme débiteur de la société, son engagement est limité au montant de sa souscription ; comme créancier, ses droits ne sont déterminés que quant à la portion de l'actif social qui lui est attribué : ils augmentent et diminuent donc dans la même proportion que cet actif lui-même.

Mais ce qu'il ne faut jamais oublier, c'est que les relations entre les associés n'ont jamais rien de personnel : la *personne* des souscripteurs n'a jamais été prise en considération ; elle ne doit jamais en principe être considérée comme un élément du contrat. J'en ai tiré ce second principe qui, avec celui de la limitation de la responsabilité, forme les deux caractères principaux de la société anonyme : *la négociabilité des actions*. Le principe de la limitation de la responsabilité n'a reçu de la loi aucune atteinte ; il conserve toute sa portée, car il est *l'essence* même de la société anonyme. Le second principe, celui de la négociabilité des actions, est seulement considéré comme étant de la *nature* de ce contrat, et il n'est point demeuré dans son intégralité.

Pour comprendre la disposition de la loi de 1867 qui est venue restreindre l'application de ce principe, je dois la rapprocher des autres dispositions qui complètent l'ensemble de précautions prises par le législateur pour protéger contre l'agiotage l'émission des actions.

PREMIÈRE DISPOSITION. — *Minimum imposé à la coupure des actions.*

« Art. Ier de la loi du 24 juillet 1867 : Les sociétés
« en commandite (1) ne peuvent diviser leur capital en
« actions ou coupons d'actions de moins de cent francs,
« lorsque ce capital n'excède pas deux cent mille francs,
« et de moins de cinq cents francs lorsqu'il est supé-
« rieur. »

(1) L'art. 24 rend cette disposition applicable aux sociétés anonymes.

Il était autrefois un moyen facile, l'expérience l'a malheureusement démontré, d'attirer dans une entreprise des capitaux imprudents : c'était de diviser le capital à souscrire en un nombre considérable d'actions minimes. La modicité excessive des intérêts a d'abord pour effet de rendre les intéressés moins attentifs et moins vigilants ; de plus, elle met l'entrée dans la société à la portée des petites bourses, qui ne sont pas ordinairement les plus prudentes. Une action de *cinq francs* devenait donc un véritable billet de loterie dont le porteur ne songeait qu'à réaliser le bénéfice d'une hausse rapide, et ne pensait nullement à exercer une surveillance quelconque sur les affaires de la société. Permettre ainsi la division du capital en actions infiniment petites, c'était donc faire renaître sous une autre forme les loteries si justement prohibées : c'était donner à la foule l'occasion de satisfaire un de ses plus mauvais et de ses plus dangereux instincts, l'appât du gain en dehors de tout travail, et c'était du même coup fournir à des spéculateurs aventureux le moyen de se procurer des capitaux qui ne seraient protégés par aucun contrôle.

La loi de 1856, sur les sociétés en commandite, est venue la première, par son art. 1er, mettre un terme à ces déplorables abus. La jurisprudence constante du Conseil d'État, en matière d'autorisation des sociétés anonymes, était également d'imposer un certain *minimum* à la coupure des actions. C'est donc sans aucune hésitation, et avec toute justice, que le législateur de 1867 a appliqué cette règle aux sociétés anonymes comme aux sociétés en commandite.

La fixation du *minimum* était une question d'opportunité qu'il appartenait au législateur de trancher comme il l'entendrait ; on s'est arrêté au chiffre de 100 fr. pour *mi-nimum* des coupures dans les sociétés dont le capital n'excède pas 200,000 fr., à celui de 500 fr. dans celles dont le capital est supérieur.

J'aurai à étudier la sanction de cette disposition avec l'art. 14 de la loi.

DEUXIÈME DISPOSITION.

« **ART. II.** *Les actions ou coupons d'actions sont né-* « *gociables après le versement du quart.* »

Je remarquerai d'abord que cette disposition est mal conçue, si l'on admet, comme je l'ai fait, que l'action est négociable de sa nature. L'art. 2 semble accorder la né-gociabilité comme une faveur aux actions dont le quart aurait été versé. Il contient au contraire une *restriction*, et il aurait été plus logique de dire : « *Les actions ne seront* « *négociables qu'après le versement du quart.* » Mais on n'avait pas posé le principe de la négociabilité ; sans tran-cher la question dans un sens ni dans l'autre, le législateur s'est borné à établir que l'action, non négociable jusqu'au versement du quart, le deviendrait après ce versement effectué.

Le principe que l'action est négociable de sa nature, si on lui laissait toute son étendue, donnerait au souscripteur d'une action le droit de la transmettre immédiatement à un tiers, avant même qu'aucun versement n'ait été fait. Il en résulterait que des spéculateurs habiles qui, au moment de l'émission des actions d'une société, se porteraient acquéreurs d'un grand nombre d'actions émises, cause-raient par là même sur cette valeur une hausse sensible ;

ils s'empresseraient alors de revendre à un prix plus élevé les actions qu'ils avaient acquises, et qui, entre les mains des nouveaux porteurs, retomberaient bientôt au taux normal au-dessus duquel la spéculation les avait élevés un instant. Les spéculateurs auraient ainsi réalisé, *sans bourse délier*, un gain trop facile, au détriment de ceux qui leur auraient succédé dans la possession des titres, et sans que la société profitât elle-même de ces manœuvres. Il était donc de l'intérêt de la société, il était surtout de l'intérêt du public, cette pépinière des actionnaires de toutes sortes, que les spéculateurs fussent dans l'impossibilité d'accaparer les actions émises : le meilleur moyen pour arriver à ce résultat, c'était de forcer les souscripteurs d'actions à verser effectivement au moins une partie des fonds qu'ils promettaient, avant de leur permettre de vendre leurs actions. On empêchait ainsi la spéculation de se rendre maîtresse d'une partie notable des actions émises, et on s'assurait que les premiers souscripteurs étaient des actionnaires sérieux, puisqu'ils contribuaient de leurs deniers à la formation de l'actif social. On a pensé que l'obligation de verser le quart des sommes promises avant de pouvoir négocier les titres suffirait pour atteindre ce double résultat.

TROISIÈME DISPOSITION.

« ART. III. Il peut être stipulé, mais seulement par « les statuts constitutifs de la société, que les actions ou « coupons d'actions pourront, après avoir été libérés de « moitié, être convertis en actions au porteur par délibé- « ration de l'assemblée générale. »

Sous quelles formes peuvent être émises les actions

d'une société? La pratique a mis en usage deux formes bien distinctes : la forme *nominative,* et la forme *au porteur.* Dans la première, le nom du propriétaire de l'action reste inscrit sur les registres de la société ; c'est donc à lui seul que la société doit remettre les dividendes ou intérêts auxquels donne droit l'action ; c'est à lui qu'elle s'adressera aussi pour réclamer l'exécution des engagements qui ont pu ne pas être remplis. Dans la forme au porteur, le propriétaire de l'action n'est pas connu de la société ; c'est à celui qui se présentera muni de l'action que la société devra délivrer les dividendes ou intérêts. Mais à qui s'adressera-t-elle pour l'exécution des engagements, puisque le porteur est inconnu? Il semble qu'il y ait là une impossibilité, et que par conséquent la forme *au porteur* soit impraticable tant que la société peut avoir quelque chose à réclamer de son souscripteur, c'est-à-dire tant que l'action ne sera pas complètement libérée. C'est, en effet, la solution que proposait l'art. 3 du projet adopté primitivement par le Conseil d'État et la commission du Corps législatif (1). Mais on remarqua que la forme *au porteur* devenait sans inconvénient, lorsque le propriétaire de l'action avait plus d'intérêt à se faire connaître qu'à conserver le voile de l'anonyme ; or, cette situation du porteur se présentait évidemment lorsque les droits du porteur contre la société étaient plus considérables que sa dette vis-à-vis d'elle. On a pensé, avec raison, que lorsque *la moitié de la souscription aurait été versée,* il pourrait être utile de favoriser la circulation des titres en permettant la forme *au porteur,* et qu'alors cette forme n'aurait aucun

(1) ART. 3 (projet) : « Les actions ou coupons d'action sont nominatifs jusqu'à leur entière libération. »

danger, pour peu que la société fût prospère, puisque l'actionnaire aurait plus à demander à la société, en vertu du versement effectué, que celle-ci n'aurait à lui réclamer pour ce qui restait à verser. Le meilleur juge de la position de la société, et le meilleur défenseur de ses intérêts, était évidemment la réunion la plus complète de ses membres, c'est-à-dire l'*assemblée générale* (1); aussi, notre art. 3 dit-il que « les actions ou coupons d'actions, après « avoir été libérés de moitié, *pourront* être convertis en « actions au porteur *par délibération de l'assemblée géné-* « *rale.* »

Cette transformation des actions peut toutefois devenir très-dangereuse, si la société cesse d'être dans une position prospère; alors, en effet, les porteurs d'actions resteront inconnus, préférant renoncer à faire valoir leurs droits dans la société que de s'exposer à se voir poursuivis pour ce qui reste à verser, et « abandonnant ainsi une moitié du capital pour sauver l'autre (2). » Les actionnaires eux-mêmes ne pourront se plaindre de cette situation, puisqu'ils l'ont acceptée par le vote de l'assemblée générale; mais les tiers, créanciers de la société, qui comptaient sur le versement intégral du capital, pourront voir leur gage diminué par suite d'une délibération à laquelle ils ne sont point appelés. C'est cet écueil qu'a évité l'art. 3, en imposant aux sociétés qui voudront se réserver la faculté de transformer leurs actions après versement de moitié, l'obligation *d'insérer dans les statuts constitutifs* une clause qui rendît publique la possibilité de cette opération. De cette façon, les tiers, prévenus de cette éventualité, ont dû pro-

(1) Voir, pour la composition de cette assemblée, *infrà,* ch. III.

(2) M. Schneider au Corps législatif, séance du 30 juin 1856 (*Moniteur* du 2 juillet).

portionner leur confiance à la crainte qu'elle leur inspirait.

QUATRIÈME DISPOSITION.

« **Art.** III (2e alinéa) ..... Soit que les actions res-
« tent nominatives après cette déclaration (*voir* la disposi-
« tion précédente), soit qu'elles aient été converties en
« actions au porteur, les souscripteurs primitifs qui ont
« aliéné les actions, et ceux auxquels ils les ont cédées
« avant le versement de moitié, restent tenus au paiement
« du montant de leurs actions pendant un délai de deux
« ans, à partir de la délibération de l'assemblée géné-
« rale. »

Cette disposition est une nouvelle restriction au principe de la négociabilité des actions. J'ai dit, au commencement de ce chapitre, que la personne du souscripteur
n'étant nullement considérée, celui-ci pouvait, pourvu
qu'il agît de bonne foi, substituer en son lieu et place la
personne d'un tiers quelconque. L'art. 3, que je viens de
citer, semble bien renverser tout le système que j'ai cru
devoir admettre : en effet, le souscripteur n'est-il pas tenu
personnellement, puisque son engagement survit à l'aliénation qu'il a pu faire? Cependant, je persiste dans mon
opinion, et je pense qu'ici, comme dans beaucoup d'autres
parties de ces matières difficiles, le législateur n'a malheu-
seusement pas cherché à fixer les principes juridiques :
il ne s'est occupé que de ce qui lui semblait utile en fait.
Il a cru devoir ordonner que le souscripteur fût tenu, au
moins pendant deux ans, de tous ses engagements primitifs, et il l'a fait sans même se demander s'il restreignait
ainsi ou s'il augmentait, au contraire, l'étendue de la res-

ponsabilité qui incombait à l'actionnaire en vertu des principes. Le législateur de 1867 s'est trouvé ici en présence de deux systèmes opposés : le premier qui, conformément aux principes et dans le silence de la loi, avait triomphé jusqu'en 1856, voulait que le souscripteur fût valablement libéré de son engagement par la cession de son titre faite de bonne foi (1); le second, qui, par haine de la spéculation, avait été introduit par l'art. 3 de la loi de 1856, mettait le souscripteur dans l'impossibilité d'échapper à l'engagement pris par lui vis-à-vis de la société. Le premier mouvement, si je puis parler ainsi, a été de chercher la vérité et la justice dans une transaction entre ces deux systèmes : sans reconnaître, comme avant 1856, que le souscripteur pourrait se libérer par une cession; sans prétendre non plus, comme depuis 1856, que tout engagement souscrit doit être accompli par le souscripteur dans son intégralité, le projet adopté par le conseil d'État et la commission du Corps législatif imposait aux souscripteurs l'obligation de rester toujours responsables d'au moins la *moitié* de l'engagement primitif.

Cette transaction n'a point été définitivement adoptée. On est revenu à la rigueur de la loi de 1856, qui rendait le souscripteur responsable du montant intégral des actions par lui souscrites, même après l'aliénation qu'il en aurait faite; mais pour tempérer ce qu'une pareille disposition avait évidemment d'excessif, on l'a corrigée en ad-

(1) Arrêt de la Cour de Paris, du 22 mai 1852 : « Considérant, en droit, qu'en matière de sociétés par actions transmissibles par la simple volonté des actionnaires, c'est l'action qui est seule responsable vis-à-vis de la société; que, de même que le porteur de l'action a seul droit aux bénéfices de la société, *il est seul passible des charges....* » (DEV.-CAR., 52, 2,577.)

mettant que le souscripteur serait libéré après un délai de deux ans à partir du vote de l'assemblée autorisant la transformation des actions.

Pour moi, je n'hésite pas à voir là une dérogation aux principes, dérogation qui vient augmenter lourdement la responsabilité du souscripteur qui a pu et dû se croire délivré de ses engagements par la cession faite de bonne foi. Quelle peut être la nécessité de fait qui a fait oublier ici les principes du droit? Voici ce que je lis, à ce sujet, dans l'*Exposé des motifs* (1) : « On a vu, il faut le reconnaître, « des sociétés se former moins en vue des opérations qui « paraissaient en être l'objet, qu'avec l'intention de se « distribuer les actions, d'en faire élever le cours, et de « les céder ensuite en conservant ce qu'on appelle la « *prime,* c'est-à-dire la différence entre le taux d'émission « et le prix de cession. — La morale publique, d'accord « avec l'intérêt général, ne permettait pas qu'on laissât « le champ libre à de semblables spéculations.... L'obli- « gation d'effectuer le paiement, au moins jusqu'à con- « currence de moitié (on sait que cette obligation a été « étendue au montant intégral, avec prescription de deux « ans), sera un obstacle suffisant au mal qu'on veut com- « battre. »

On le voit, le mal qu'on veut combattre, c'est le même qui a déjà dicté au législateur la disposition précédente, l'art. 2 de la loi de 1867 : ici encore on a voulu empêcher la spéculation de venir étouffer dans leur berceau les sociétés naissantes. Ne peut-on pas voir là un excès de pré-

---

(1) *Exposé des motifs,* par M. Duvergier (annexe au procès-verbal de la séance du 28 mars 1865, p. 15). Cette date de 1865 montre que la loi est restée pendant plus de deux ans à l'état de projet.

caulions? Si l'on croit efficace le remède de l'art. 2, pourquoi cette nouvelle dérogation aux principes dans l'art. 3?
Croit-on que les spéculateurs s'effraient beaucoup d'une
responsabilité qui n'apparaît que dans un horizon assez
lointain? Je comprends qu'ils soient arrêtés par la nécessité d'un versement immédiat; mais la perspective d'un
recours ultérieur contre les premiers souscripteurs me
semble de nature à écarter plutôt les capitalistes sérieux
que les aventuriers spéculateurs, contre lesquels cette disposition est précisément dirigée.

CHAPITRE III.

FORMATION DES SOCIÉTÉS ANONYMES.

Dans les contrats ordinaires, les parties sont peu nombreuses : elles se rapprochent facilement, et dans la discussion des clauses de la convention, elles traitent entre
elles d'égale à égale. Les sociétés anonymes, au contraire,
ont précisément pour but de réunir dans une entreprise
commune un grand nombre de personnes souvent fort
éloignées, et presque toujours étrangères les unes aux
autres : l'intérêt de chacune d'elles varie dans des proportions considérables, car à côté du million du capitaliste
vient se placer la faible épargne du rentier. Il y a donc
là, entre les contrats ordinaires et celui dont je m'occupe

ici, une différence qui, nulle en droit et en théorie, acquiert en pratique une portée si considérable, que je pense qu'on pourrait raisonnablement rapporter à cette cause la plupart des dispositions des lois sur les sociétés.

Je distinguerai d'abord dans une société qui se forme deux classes distinctes d'intéressés, deux groupes d'individus dont les intérêts peuvent, à certains points de vue, être considérés comme contraires : ce sont, d'un côté, les fondateurs de la société, ceux qui, ayant vu ou cru voir dans une entreprise l'occasion de réaliser des bénéfices, communiquent leur idée au public et l'invitent à se joindre à eux pour partager les gains qui résulteront de leurs efforts communs; d'autre part, c'est le public lui-même, ou du moins les personnes qui, répondant à l'appel des fondateurs, versent des capitaux dans la société et deviennent ainsi actionnaires.

Nous rencontrons ici l'un des écueils les plus dangereux de cette dangereuse matière des sociétés. N'a-t-on pas vu trop souvent des spéculateurs plus hardis que scrupuleux, après avoir trompé la surveillance du conseil d'État et obtenu une autorisation, vanter dans d'habiles prospectus les richesses d'une mine sans minerai ou d'une houillère sans charbon? Et le public, alléché par les promesses de bénéfices fantastiques et de primes appétissantes, se pressait dans les bureaux de la société, s'arrachait les actions, et montrait ainsi les longues oreilles dont l'affublait un des membres du Corps législatif, par une plaisanterie plus spirituelle que charitable. Bien entendu, ceux qui avaient *lancé* l'affaire, après avoir profité de la hausse, résultat inévitable de l'engouement du public, se retiraient les mains pleines et laissaient les malheureux actionnaires manger leurs fonds dans une entreprise qui n'avait aucune chance de succès.

Le Code pénal suffisait-il pour réprimer ces abus? Son impuissance s'était manifestée d'une manière trop évidente pour qu'on n'y cherchât pas un remède. Aussi, l'art. 13 de la loi de 1856 vint-il frapper d'une sévère condamnation des faits qui avaient jusqu'alors échappé à la répression de la justice. L'art. 405 du Code pénal ne punit que les *manœuvres frauduleuses*, l'emploi de *faux noms* ou de *faux titres;* l'expérience avait malheureusement prouvé que, sans recourir à des fraudes aussi caractérisées, on pouvait, par des moyens presque aussi répréhensibles en eux-mêmes, arriver à capter la confiance du public et à causer ainsi aux tiers un préjudice considérable. Ce sont ces faits auxquels le législateur de 1856, puis celui de 1867, dans son article 15, ont appliqué la peine de l'escroquerie, c'est-à-dire un emprisonnement d'un an au moins et cinq ans au plus.

Les délits ainsi prévus se divisent en deux catégories : dans la première, on punit « ceux qui par simulation de « souscriptions ou de versements, ou par la publication, « faite de mauvaise foi, de souscriptions ou de versements « qui n'existaient pas, ont obtenu ou tenté d'obtenir des « souscriptions ou des versements. » Dans la deuxième catégorie, on frappe de la même peine « ceux, qui pour « provoquer des souscriptions ou des versements, ont, de « mauvaise foi, publié les noms de personnes désignées, « contrairement à la vérité, comme étant ou devant être « attachées à la société à un titre quelconque.

Tous ces faits présentent un caractère frauduleux qui ne laisse aucun doute sur la moralité de leurs auteurs : ils tendent à la crédulité publique les piéges les plus dangereux; c'est donc sans regret et sans commisération pour les coupables que l'on doit voir la loi exercer ici son ministère de sage répression. D'ailleurs, l'art. 16, en permettant l'admission des circonstances atténuantes, laisse aux juges toute la latitude possible pour mesurer la peine à la culpabilité des prévenus. — Après avoir jeté un coup d'œil à ce rigide gardien qui veille à la porte pour empêcher la fraude de s'introduire, nous pouvons voir de près tout le travail intérieur que nécessite la formation d'une société anonyme.

Les fondateurs ont fait connaître au public par la voie des journaux et des prospectus l'entreprise industrielle pour laquelle ils demandent le concours des capitalistes : ceux-ci se présentent au siége social et versent entre les mains des agents les fonds qu'ils veulent placer dans la société. J'ai écrit le mot de *société*, et je vois en effet quelque chose qui y ressemble, qui s'annonce dans le monde financier, qui a des bureaux et des employés, qui reçoit de l'argent. Mais y a-t-il là véritablement une société? Non, ce ne sont encore que des éléments qui se rassemblent, et, avant de former cet être de raison que la loi appelle une société anonyme, avant d'acquérir le caractère et les droits d'une *universitas juris*, il y a encore à remplir bien des formalités, à subir bien des transformations.

La première pensée des fondateurs d'une société doit être d'établir d'une manière certaine les conditions du contrat qu'ils proposent aux actionnaires. Ils rédigent à cet effet des *statuts*, qui ne sont autre chose que les diverses clauses du contrat de société. Autrefois, ces statuts étaient soumis à l'approbation du conseil d'État, qui ne donnait son autorisation qu'après avoir écarté toutes les stipulations qui lui semblaient compromettre l'indolente sécurité

du public actionnaire. Aujourd'hui, j'ai dit que c'était là
le grand progrès réalisé par la loi de 1867; la convention
intervient directement entre les fondateurs et le public :
chacun est juge de ses intérêts, et chacun les débat avec
toute la prudence qu'il puise dans le sentiment de sa
propre responsabilité. Je n'ai donc rien à dire de ces statuts qui, sortis autrefois du moule officiel, présentaient
tous à peu près la même figure : il serait aujourd'hui tout
à fait superflu de vouloir indiquer un type de statuts des
sociétés anonymes, puisqu'ils peuvent revêtir toutes les
formes diverses que saura inspirer la sagacité privée. Je
dirai seulement que l'objet des statuts est d'indiquer le
but de la société; de déterminer le capital jugé nécessaire
pour alimenter l'entreprise ; de diviser ce capital en un
certain nombre d'actions; de fixer le montant, l'époque et
le mode des versements; de stipuler, s'il y a lieu, des
avantages au profit des fondateurs, en échange des valeurs
de toutes sortes qu'ils peuvent apporter à la société; d'organiser l'administration; de prévoir au besoin les causes
de dissolution et le mode de liquidation de la société, etc.
En un mot, les statuts d'une société anonyme réglementent tout ce qui, dans une société ordinaire, serait prévu
par l'acte de société. Ces conventions sont maintenant
abandonnées à la libre discussion des parties : celles-ci
doivent seulement se conformer aux règles générales encore nombreuses que leur impose la loi de 1867. J'ai déjà
examiné (1) quatre de ses dispositions relatives au taux, à
la forme des actions et à l'étendue des engagements des
premiers souscripteurs; j'en rencontrerai encore beaucoup
d'autres, que j'étudierai à mesure que l'ordre des matières
m'en fournira l'occasion.

(1) V. le chap. ii.

Les statuts une fois rédigés, communication en est donnée au public par tous les moyens qui semblent aux fondateurs offrir l'avantage de la plus grande publicité possible, et la souscription est ouverte. L'argent arrivant alors dans la caisse de la société, ceux qui sont à la tête de l'association pourraient être tentés d'en user pour commencer de suite les opérations. Mais la volonté formelle du législateur est que la société soit arrivée à une formation complète avant qu'aucune opération soit faite en son nom ; la société ne sera pas réputée exister, tant que ses éléments ne seront pas complets. J'indique immédiatement la sanction de cette disposition ; j'examinerai ensuite à quels faits la loi attache un caractère suffisant pour que la société lui semble véritablement constituée.

L'art. 13 est ainsi conçu : « Est puni de la même peine « (une amende de 500 à 10,000 fr.) le gérant qui com- « mence les opérations sociales avant l'entrée en fonction « du conseil de surveillance. » Quoique l'art. 13 soit sous la rubrique « des sociétés en commandite » et qu'il ne soit pas expressément étendu aux sociétés anonymes, j'inclinerais à penser que, l'esprit de la loi étant d'assimiler autant que possible ces deux sortes de sociétés, les mêmes motifs existant d'ailleurs pour l'application de cette publicité à l'une et à l'autre, on devrait condamner à l'amende les fondateurs qui auraient contrevenu à la défense de la loi ; autrement cette défense resterait sans sanction. Toutefois, je reconnais qu'on peut hésiter à étendre ainsi l'art. 13, toutes les dispositions pénales étant de droit étroit.

A quelles conditions la société est-elle donc considérée comme constituée ?

La première condition est que, le public répondant à l'appel des fondateurs, le capital soit souscrit intégralement ; l'argent est, en effet, ce levier nécessaire sans lequel il serait impossible de venir à bout de l'entreprise projetée. Aussi, le § 2 de l'art. 2 prescrit que : « Elles ne « pourront être définitivement constituées qu'après la « souscription de la totalité du capital social, et le ver- « sement par chaque actionnaire du quart au moins du « montant des actions par lui souscrites (1). » Le chiffre du capital social a été fixé par les fondateurs eux-mêmes à la somme qui leur semblait indispensable pour alimenter l'entreprise. Le législateur a donc sagement agi en ordonnant que ce capital entier fût à la disposition des gérants, au moins à l'état de promesse, avant de rien tenter ; il dit, avec M. Langlais, dans son rapport au Corps législatif : « Vous avez déclaré que tel capital vous était nécessaire « pour marcher ; je vous défends de constituer votre « société avant que ce capital soit souscrit en totalité (2). » Mais suffirait-il, pour commencer les opérations, d'une simple *promesse* de versement du capital ? Le législateur a pensé qu'il fallait quelque chose de plus réel : une souscription n'offre une garantie et une valeur que si elle est accompagnée d'un versement effectif ; on a donc exigé que le quart au moins du capital social fût versé dans la caisse de la société, avant que celle-ci pût se regarder comme définitivement organisée.

En supposant ces premières exigences de la loi satis-

(1) J'ai vu que ce versement du quart avait aussi pour effet de rendre les actions négociables. (V. chap. ii, 2ᵉ disposition, p. 86.)

(2) Corps législatif, séance du 30 juin 1856 : M. Langlois, rapporteur. (*Moniteur* du 2 juillet.)

faites, comment parviendra-t-on à les constater légalement? Sous quelle forme la société apparaîtra-t-elle et fera-t-elle connaître au public, avec son existence, l'accomplissement des formalités légales?

Les sociétés commerciales de toutes sortes sont mises, par le Code de commerce lui-même, en dehors du droit commun des contrats, car l'art. 39 exige qu'elles soient « *constatées par des actes publics ou sous signature privée.* » Cette prescription fait de la société commerciale, en général, un *contrat solennel*, et si ce caractère appartient à la société en nom collectif et en commandite, il s'étendra *à fortiori* à la société anonyme.

L'art. 1 de la loi de 1867, rendu applicable aux sociétés anonymes par l'art. 24, laisse aux parties l'option accordée par l'art. 39 du Code de commerce, entre la confection d'un acte notarié ou celle d'un acte sous seing privé; on n'a pas voulu imposer l'intervention toujours dispendieuse d'un notaire. D'ailleurs, *entre les contractants*, l'acte sous seing privé a la même force probante que l'acte authentique (1). Mais il est un moment où l'acte sous seing privé perd toute sa force : c'est quand il s'agit de l'opposer aux tiers; c'est ce qui a logiquement conduit le législateur à exiger l'authenticité pour la constatation des formalités imposées dans l'intérêt des tiers. Ces formalités sont précisément celles dont je m'occupais tout à l'heure, c'est-à-dire la souscription de la totalité du capital et le versement effectif du quart. La constatation de ces faits, qui doit servir à éclairer le public sur la situation de la société, ne serait pas suffisamment établie par une simple déclaration faite par les associés eux-mêmes dans les actes

____

(1) Art. 1322, C. N.

sous seing privé : le caractère authentique devient nécessaire dès que l'on sort des rapports réciproques entre parties contractantes. La loi a donc justement prescrit que « cette souscription et ces versements fussent constatés « par une déclaration du gérant (des fondateurs pour les « sociétés anonymes) *dans un acte notarié* (1) » Le notaire qui reçoit la déclaration est tenu d'en vérifier la sincérité, sous peine de voir sa responsabilité personnelle engagée ; les tiers trouvent donc ici la sécurité qui résulte ordinairement des constatations authentiques, à laquelle la loi attache bien justement une si grande importance.

« A cette déclaration sont annexés la liste des souscripteurs, l'état des versements effectués, l'un des doubles de l'acte de société, s'il est sous seing privé, et une expédition, s'il est notarié, et s'il a été passé devant un notaire autre que celui qui reçoit la déclaration. » On voit que, si l'acte a été fait sous seing privé, il faut au moins que l'un des doubles soit déposé chez un notaire où il est à la disposition des parties intéressées (2) ; mais ce dépôt n'entraîne pas les mêmes frais que la confection d'un acte notarié, et on peut même s'en dispenser, si la société n'a pu se constituer définitivement.

Mais une difficulté se présentait dans la confection de l'acte sous seing privé. L'art 1335 (C. N.) exige que l'on fasse autant d'originaux distincts qu'il y a de parties. Or, ici, ces parties deviennent excessivement nombreuses, et si l'on avait dû faire autant d'actes qu'il y avait d'actionnaires dans la société, on aurait abouti à une impossibilité de fait. Aussi, la pratique, même en l'absence de tout

(1) Art. 1er, 3e alin.
(2) V. (chap. vi) *De la publicité à donner aux sociétés anonymes.*

texte législatif, avait éludé l'art. 1325, et la jurisprudence avait admis que *deux* doubles suffiraient. La loi nouvelle a consacré cette doctrine, en ordonnant qu'un double resterait au siége social et que l'autre serait déposé chez le notaire, en l'annexant à la déclaration de souscription du capital (1.)

On pourrait croire que le dépôt des pièces chez le notaire marque l'instant où la société perd le caractère de simple *projet* pour passer dans le domaine des faits, et que l'acte reçu par le notaire était, pour ainsi dire, un *acte de naissance*. Il n'en est rien cependant. Si la société a reçu de l'officier ministériel une sorte de sanction publique, elle manque encore de plusieurs conditions nécessaires à son existence. J'en examinerai deux dont la loi s'occupe spécialement et qui forment deux éléments essentiels pour que la société soit considérée comme *viable*. La première condition est qu'une vérification sérieuse soit faite de la valeur des apports promis ; la seconde est la nomination des administrateurs et des commissaires.

I. Vérification des apports.

Dans toutes espèces de sociétés, chaque associé doit faire un *apport*, et cet apport peut comprendre une valeur quelconque : l'un *apporte* son industrie, l'autre de l'argent, un troisième un brevet d'invention, etc. Chaque fois que l'apport n'est pas d'une somme d'argent, il y a lieu à une estimation pour fixer les droits de celui qu'on a appelé l'*apporteur*. Dans les sociétés anonymes, les fondateurs se trouvent avoir ordinairement entre leurs mains les matières premières nécessaires à l'exécution de

(1) Art. 21 et 2, combinés.

l'entreprise projetée : ce sont, par exemple, les mines que l'on veut exploiter, les terrains sur lesquels on veut construire. La société devra devenir propriétaire de ces mines ou de ces terrains avant de commencer les travaux ; et c'est cette vente, faite par les fondateurs à la société, qui a donné lieu à bien des scandales et a ainsi attiré l'attention du législateur.

Les fondateurs, propriétaires d'un terrain nécessaire à l'entreprise, stipulaient dans les statuts que ce terrain serait cédé à la société moyennant une somme qu'ils fixaient eux-mêmes. Il est vrai que le public, avant de souscrire, avait le droit de consulter les statuts ; mais on comprend qu'il est souvent difficile à un souscripteur de s'enquérir de la valeur des apports promis ; d'ailleurs, même en supposant une exagération, l'affaire peut lui paraître encore bonne, et comme il était forcé d'accepter cette estimation ou de renoncer à entrer dans la société, il n'avait aucun moyen de faire réduire une évaluation excessive. J'emprunte à une plaidoirie de M. Berryer (1) des chiffres officiels qui ne sont que trop instructifs : « En novembre 1851, les mines et usines d'Aubin ont « été adjugées publiquement moyennant la somme de « 500,000 fr.... Le 7 juillet 1852, lorsque se produisit « le chemin de fer d'Aubin à Montauban, ces mêmes « usines étaient, par acte notarié, mises sous le nom de « M. de P.... au prix de 1,500,000 fr. Le 10 du *même* « *mois*, elles étaient présentées pour constituer une so- « ciété anonyme, sur une évaluation de 3,200,000 fr. » Il est permis de penser que de pareilles augmentations de valeur, à trois mois de distance d'abord, puis à *trois jours*

(1) Il s'agit de l'affaire des mines d'Aubin, qui a occupé la Cour de Paris dans les audiences des 3, 10, 17 et 19 janvier 1866.

seulement d'intervalle, ne sont pas dues exclusivement à des circonstances heureuses. Il y avait là une fraude facile, et la loi avait certainement le droit d'intervenir, dans l'impuissance des parties intéressées, pour prévenir de pareils abus. Aussi a-t-elle pensé que si, par sa souscription, l'actionnaire avait accepté les statuts, il n'en était pas moins équitable qu'il pût vérifier la sincérité de l'évaluation des apports; ne pas lui reconnaître ce droit, ce serait, sous prétexte de logique, permettre des opérations qui, sous le couvert d'une vente, déguisent les caractères de la fraude la plus coupable.

La loi de 1856 avait laissé à cette situation tous ces dangers; celle de 1867, plus clairvoyante, y apporta un remède. « Art. 4. Lorsqu'un associé fait un apport qui « ne consiste pas en numéraire, ou stipule à son profit « des avantages particuliers, la première assemblée géné- « rale fait apprécier la valeur de l'apport ou la cause des « avantages stipulés.

« La société n'est définitivement constituée qu'après « l'approbation de l'apport ou des avantages, donnée par « une autre assemblée générale, après une nouvelle « convocation.

« La seconde assemblée générale ne pourra statuer « sur l'approbation de l'apport ou des avantages qu'après « un rapport qui sera tenu à la disposition des action- « naires, cinq jours au moins avant la réunion de cette « assemblée. »

Je renvoie au chapitre suivant (sect. I), sur les *assemblées générales,* tout ce qui a trait à la composition de l'assemblée et à la manière dont doit être prise la délibération.

II. Nomination des administrateurs et des commissaires.

J'ai toujours vu jusqu'à présent les fondateurs prendre l'initiative de toutes les démarches et de toutes les formalités : c'est par leur active et incessante intervention qu'ont été rassemblés tous les éléments qui vont constituer une société anonyme. Mais leurs pouvoirs vont cesser avec cette période de formation : ils n'ont été auprès du public que des intermédiaires, et ils n'ont pas dans la société un droit d'un autre genre que celui de tous les actionnaires; on comprendrait même, théoriquement, qu'ils n'aient conservé dans la société aucun intérêt. Il faut donc à la société une autre représentation : à qui sera-t-il donné de choisir les nouveaux chefs qui dirigeront l'entreprise? La législation antérieure autorisait le gouvernement à s'immiscer dans cette désignation, et le conseil d'État pouvait refuser son autorisation, si les statuts n'établissaient pas comme directeur tel ou tel financier qui lui semblait seul capable de mener à bien l'entreprise projetée (1). Aujourd'hui le choix des directeurs appartient uniquement à la représentation la plus vraie de la société, c'est-à-dire à l'assemblée générale des actionnaires. C'est donc entre les mains de cette assemblée que les fondateurs remettront les pouvoirs qu'ils ont exercés provisoirement, et l'art. 25 l'ordonne en ces termes : « Une assemblée générale est dans tous les cas convoquée, *à la diligence des fondateurs,* postérieurement à l'acte qui constate la souscription et le versement. » Le but de cette assemblée est précisément de désigner les administrateurs qui seront chargés de la direction de la

(1) Dans certaines sociétés de finances créées par l'initiative du Gouvernement, celui-ci s'est réservé le droit de désigner les directeurs : Banque de France, Crédit foncier, Crédit mobilier, etc.

société. Je renvoie au chapitre suivant sur le *Fonctionnement des sociétés anonymes*, l'étude des règles qui président à la réunion des assemblées générales, et à la détermination des pouvoirs conférés aux administrateurs, ainsi
qu'aux commissaires nommés par la même assemblée.

Je constaterai seulement ici que le moment précis où
la société est constituée est celui de l'acceptation de leurs
fonctions par ces mandataires élus par les associés.
« Art. 24, *in fine* : Le procès-verbal de la séance cons-
« tate l'acceptation des administrateurs et des commis-
« saires présents à la réunion. *La société est constituée à*
« *partir de cette acceptation.* »

CHAPITRE IV.

FONCTIONNEMENT DES SOCIÉTÉS ANONYMES.

J'ai passé en revue dans le chap. III toutes les conditions nécessaires à la formation de la société anonyme :
après l'avoir vue naître, il faut la voir vivre ; je vais donc,
dans ce chap. IV, étudier le *fonctionnement* de ces sociétés.

Dans les sociétés ordinaires, c'est-à-dire dans les sociétés en nom collectif, le nombre restreint des associés, leur
intérêt identique, permettent une organisation fort simple
de l'administration. A défaut de clause contraire, chacun

a des droits et des devoirs égaux ; de même que chacun est responsable *in infinitum,* chacun représente aussi la société tout entière (art. 1857, C. N.). La nature même de la société anonyme se refuse évidemment à une immixtion aussi directe et aussi large de tous les associés dans les affaires sociales. Dans l'impossibilité manifeste d'une gestion confiée personnellement à tous les intéressés, il est de toute nécessité de recourir à une sorte de centralisation des pouvoirs de tous entre les mains de quelques-uns, de constituer une espèce de gouvernement issu de la volonté des gouvernés, et chargé par eux d'un mandat dont il doit leur rendre un compte exact et fidèle. Les *assemblées générales* sont les *comices électoraux* où chaque associé vient exercer par son vote son droit de gestion. La loi appelle *administrateurs* les personnes qui, ayant réuni le plus de suffrages, se trouvent investies, par la confiance des électeurs, du droit de gérer, au nom de tous, les intérêts communs.

Je m'occuperai donc, dans trois sections différentes :

1° Des assemblées générales ;

2° Des administrateurs et des commissaires ;

3° De quelques règles imposées par la loi à la gestion des sociétés anonymes.

SECTION Ire. — DES ASSEMBLÉES GÉNÉRALES.

Ce fut toujours une question délicate que celle de déterminer, dans une assemblée électorale ou délibérante, la part de pouvoir attribuée à chacun. S'attachera-t-on uniquement au *nombre,* et comptera-t-on *par têtes,* ou ne faudra-t-il pas plutôt proportionner le poids de chaque vote à *l'intérêt* plus ou moins grand que peut avoir le votant? Il semble, au premier abord, qu'en matière de sociétés anonymes, il était un moyen bien simple de concilier ces deux systèmes : la division du capital en actions permet, en effet, de proportionner l'influence de chaque associé à l'intérêt qu'il a dans la société, en donnant une voix à chaque action. On a ainsi une unité facile à déterminer, et qui peut se multiplier au profit du même possesseur d'actions, précisément en raison de sa part dans les affaires sociales. Un pareil système semble à l'abri de toute objection; et cependant, il en a soulevé tant, et de si fortes, qu'il est en pratique à peu près abandonné. La première objection, toute de fait, est qu'il y aurait à suivre un pareil procédé ni plus ni moins qu'une impossibilité matérielle : la division du capital en un nombre très-considérable d'actions donnerait droit d'entrée dans l'assemblée générale à une foule telle qu'il n'y aurait point de salle assez grande pour la contenir. Si cette impossibilité était une fois constatée, il n'y aurait point de droit assez fort pour lutter contre elle; mais, outre qu'on ne paraît pas s'être préoccupé de cette question pour les assemblées auxquelles doit être soumise l'évaluation des apports et qui comprennent tous les porteurs d'action, la portée de l'objection ne saurait aller au-delà de l'impossibilité prétendue, et ce mode de composition de l'assemblée resterait applicable dans tous les cas, encore fort nombreux sans doute, où la difficulté ne se présenterait pas.

On a soulevé contre le système d'attribution d'une voix à chaque action une objection d'une autre sorte (1). On a voulu emprunter à notre régime politique le mode d'élection en vigueur depuis vingt ans. Le suffrage uni-

(1) V. un discours de M. le baron de Janzé au Corps législatif, séance du 5 juin 1867 (*Moniteur* du 6).

versel tient-il compte de la part que possède chaque ci-
toyen dans la richesse de l'État? s'occupe-t-il de sa position sociale, de son plus ou moins d'intérêt au maintien
de l'ordre public? Non, il accorde à chacun une voix, sans
rechercher si tous ont le même intérêt aux affaires publiques et la même capacité pour les diriger. Pourquoi ne
pas suivre le même principe en matière de société?
« Chaque intérêt aura donc une voix et n'en aura qu'une;
car chaque intérêt, quelle que soit son importance, a un
droit égal à imprimer une bonne direction à l'administration d'une société. »

Peut-être un pareil raisonnement pourrait-il être re-
tourné contre le suffrage universel en matière politique,
mais je doute qu'il conduise à l'adoption de ce système
en matière de société. La mesure du droit de chacun dans
la copropriété générale n'est-elle pas en même temps celle
du droit de chacun dans la gestion de cette copropriété?
et quand cette mesure du droit de chacun est ici donnée
si exactement par le nombre d'actions qu'il possède, on
peut regretter qu'une proportion aussi équitable ne puisse
être établie dans des matières plus importantes; mais on
ne saurait, je crois, s'écarter d'un principe aussi simple
que juste.

Enfin, il est un troisième inconvénient, et celui-ci
beaucoup plus sérieux, que présente la division des voix
proportionnellement au nombre, quelque élevé qu'il soit,
d'actions qui se trouvent réunies dans une seule main. Un
seul capitaliste peut, en effet, en posséder un nombre tel
que toute lutte contre lui deviendra impossible, et qu'il
imposera nécessairement sa volonté aux autres associés;
et il n'est pas même besoin pour cela qu'il ait acquis plus
de la moitié des actions, car il est démontré en fait que ja-

mais tous les actionnaires ne sont représentés; il suffit dès lors, pour s'assurer une majorité incontestable, d'être maître d'un nombre de titres relativement restreint. Il n'est pas douteux qu'il n'y ait là un intérêt tout à fait respectable à sauvegarder, celui des actionnaires, toujours fort nombreux, qui, à cause de l'éloignement ou de toute autre circonstance, ne peuvent assister aux assemblées générales. Un spéculateur pourrait, dans un but plus ou moins loyal, se rendre maître la veille de l'assemblée d'un nombre considérable de titres dont il se débarrasserait le lendemain, et profiter de l'autorité suprême qu'il se serait ainsi arrogée, pour imposer à la société une fusion ou toute autre opération, fort profitable sans doute à ses propres intérêts, mais fort préjudiciable à ceux de ses associés d'un moment. Il semble donc raisonnable qu'en prévision de ce danger, on interdise la réunion d'un trop grand nombre de voix au profit de la même personne. Aussi, le conseil d'État limitait ordinairement à *dix* le nombre *maximum* de voix que pouvait réunir un seul actionnaire.

Aujourd'hui, la loi nouvelle a voulu le moins possible imposer sa volonté aux parties; elle leur a donc laissé la liberté d'organiser comme elles l'entendraient l'admission aux assemblées générales ordinaires et le nombre de voix qui appartiendraient à chacun. Il est dès-lors permis d'espérer que l'exercice de cette liberté montrera bientôt lequel doit être préféré de ces différents modes de représentation des actionnaires.

Mais il est certains cas spéciaux (1) où la loi, s'inspirant

(1) Je montrerai tout à l'heure que pour ces cas la loi ne se borne pas à faire elle-même la répartition des voix : elle exige de plus que

de l'ancienne jurisprudence du conseil d'État, a limité à
dix le nombre de voix qui pourrait appartenir à la même
personne, et a ordonné en même temps que tout actionnaire aurait entrée à l'assemblée générale. Ces cas particuliers où la loi, à cause de l'importance des propositions
soumises au vote, a cru devoir redoubler de vigilance,
sont ainsi déterminés par l'art. 27 : « ..... Néanmoins,
« dans les assemblées générales appelées à vérifier les
« apports, à nommer les premiers administrateurs, et à
« vérifier la sincérité de la déclaration des fondateurs de
« la société, prescrite par l'art. 24, *tout actionnaire,* quel
« que soit le nombre des actions dont il est porteur, peut
« prendre part aux délibérations avec le nombre de voix
« déterminé par les statuts, *sans qu'il puisse être supérieur*
« *à dix.* »

L'intervention de la loi dans ces cas spéciaux s'explique
par ce fait qu'il s'agit ici de la première assemblée des
actionnaires, et qu'ils n'ont pu, par conséquent, fixer eux-
mêmes préalablement le mode de délibération.

Mais si cette partie de l'art. 27 n'est point attaquable
au fond, je crois qu'elle est moins heureuse dans la
forme : « . . . . . Tout actionnaire, dit l'article, quel
« que soit le nombre d'actions dont il est porteur, peut
« prendre part aux délibérations *avec le nombre de voix*
« *déterminé par les statuts.* » Pour que cette disposition
ait une portée quelconque, il faut supposer que les statuts
exigent un certain *minimum* d'actions donnant droit à une
seule voix dans les assemblées extraordinaires : si, en effet, chaque action donnait droit à une voix, la loi n'au-

l'assemblée compte dans son sein une notable portion de la totalité
des actionnaires. (V. même notion, *infrà*, p. 116.)

rait pas besoin de forcer la porte de l'assemblée pour y introduire le petit actionnaire. Dès lors, si les statuts exigent plus d'une action pour avoir une voix, je vois bien que le porteur d'*une* action pourra, en vertu de l'art. 27, prendre part aux délibérations ; mais je ne vois pas comment il pourrait avoir « *le nombre de voix déterminé par les statuts.* » La loi, en admettant au vote le porteur d'une action, détruisait par là même la clause des statuts exigeant pour une voix un certain nombre d'actions, et elle ne pouvait raisonnablement renvoyer à cette clause, qu'elle condamnait à ne plus produire aucun effet. Du moment que tous les actionnaires sont admis, l'*unité* de vote devient nécessairement l'action elle-même, et il ne peut y avoir d'autre réglementation que cel!e qui limite le nombre de voix pouvant appartenir à la même personne.

Dans les assemblées générales, c'est pour ainsi dire la société elle-même que l'on voit délibérer et agir : il importe donc que ces assemblées se composent uniquement d'actionnaires sérieux, de véritables membres de la société, et non pas d'*hommes de paille.* C'est la fraude qu'on a voulu éviter dans les alinéas 2 et 3 de l'art. 28 :

« . . . . . Il est tenu une feuille de présence ; elle
« contient les noms et domiciles des actionnaires et le
« nombre d'actions dont chacun d'eux est porteur. —
« Cette feuille, certifiée par le bureau de l'assemblée, est
« déposée au siége social et doit être communiquée à tout
« requérant. »

Ces formalités édictées par l'art. 28 n'ont d'autre but que d'assurer la loyauté des votes et d'écarter de l'assemblée toute personne qui voudrait s'y introduire frauduleusement. Des débats judiciaires sont venus porter à la connaissance du public les fraudes qui ne semblent avoir été que trop habituelles dans la composition des assemblées d'actionnaires : les spéculateurs, propriétaires d'un grand nombre d'actions et qui, par suite de la limitation dont j'ai parlé, n'avaient point un nombre de voix proportionnel au nombre de titres qu'ils possédaient, répartissaient ces titres entre les mains d'individus dévoués ; ainsi fractionnée, cette masse d'actions assurait à son propriétaire une influence suprême sur le résultat des délibérations. On a constaté judiciairement que certains directeurs de compagnies envoyaient leurs employés à l'assemblée générale, après leur avoir distribué des titres appartenant personnellement aux directeurs, ou même se trouvant entre leurs mains à titre de simple dépôt.

De tels abus pouvant entraîner et ayant entraîné en effet les conséquences les plus désastreuses, demandaient une répression efficace. On l'a trouvée dans l'obligation de tenir, à l'assemblée générale, une feuille sur laquelle sont inscrits *les noms et domiciles des actionnaires* présents à l'assemblée, et *le nombre d'actions* dont chacun d'eux est porteur. Il sera, dès lors, impossible de se présenter à l'assemblée avec des actions appartenant à un tiers ; le véritable propriétaire, et, à son défaut, toute personne intéressée, découvrirait facilement la ruse par le simple examen de la feuille qui, déposée au siége social, *doit être communiquée à tout requérant.* C'est là une innovation importante qui prohibe une manœuvre trop connue, sans imposer une formalité bien difficile à remplir.

L'art. 18 dit que la feuille doit être « *certifiée par le bureau de l'assemblée :* » la loi ne parle nulle part de la constitution de ce bureau. Elle s'en rapporte donc aux statuts qui devront déterminer comment il sera composé. A défaut de clause expresse dans les statuts, je crois que le premier soin de l'assemblée devra être de procéder à l'élection de ce bureau. Mais quelle est au juste la tâche imposée à ses membres? C'est ce que rien ne détermine. Quelle est surtout la responsabilité qu'ils auront à encourir, au cas où ils auraient certifié une feuille contenant des énonciations fausses? Je pense qu'il faut appliquer ici purement et simplement les règles du mandat; les fonctions de président ou de secrétaire d'une assemblée d'actionnaires étant ordinairement gratuites (à moins qu'elles ne soient l'accessoire des fonctions salariées de directeur ou d'administrateur), ce sont les principes sur le mandat gratuit que j'appliquerai ici (1).

Non contente des précautions prises par l'art. 28, la loi a voulu mettre une nouvelle entrave aux fraudes dans les assemblées générales, et elle a appelé à son aide la répression pénale. L'art. 13 punit, en effet, d'une amende de 500 à 1,000 fr. : 1° ceux qui, en se présentant comme propriétaires d'actions ou de coupons d'actions qui ne leur appartiennent pas, ont créé frauduleusement une majorité factice dans une assemblée générale, sans préjudice de tous dommages-intérêts, s'il y a lieu, envers la société ou envers les tiers (2); 2° ceux qui ont remis les actions pour en faire l'usage frauduleux.

La sincérité des votes étant assurée au moyen des prescriptions des art. 28 et 13, la loi devait attacher à

____

(1) Art. 1992, 2° alin., C. N.

(2) Ces mots : « *Sans préjudice de tous dommages intérêts,* etc., » ne sont que l'application à notre matière du principe général si connu, formulé par l'art. 1382; je n'ai donc point à étudier ici l'étendue qui doit être donnée à ce principe de droit commun.

l'opinion de la majorité la prépondérance absolue qu'elle a dans toute assemblée sur l'opinion d'une minorité, quelque respectable qu'elle soit. Art. 28, alinéa 1 : « Dans *toutes* les assemblées, les délibérations sont prises à la majorité des voix. » Quel que soit donc l'objet de la délibération, aucune minorité, même la plus imposante par le nombre, ne saurait arrêter un instant la force d'une décision prise peut-être à la majorité d'une voix. Mais si la majorité peut ainsi, à elle seule, décider du sort de la société, le vœu de la loi est que cette majorité se compose au moins d'une fraction des actionnaires, et pour cela il faut que l'assemblée ait été nombreuse. Quand donc la loi verra-t-elle dans une assemblée générale une représentation suffisante de la société pour pouvoir l'engager? La réponse à cette question nécessite des distinctions dans lesquelles le législateur est entré lui-même avec toute la précision désirable. On conçoit, en effet, que les décisions à prendre présentant des caractères de gravité tout à fait divers, la loi se soit contentée, pour l'adoption de certaines résolutions, d'un assentiment qui lui semblerait insuffisant dans des circonstances plus graves. Je distinguerai donc avec la loi quatre classes d'assemblées générales : c'est l'objet de leurs délibérations qui les différencie, et, suivant son importance, on exige la représentation à l'assemblée générale d'une fraction plus ou moins considérable de l'actif social.

I. Je rangerai dans la première classe d'assemblées générales, celle qu'on a assez heureusement appelées les *assemblées constituantes* (1). Ce sont celles qui, convoquées

(1) V. un intéressant commentaire sur la loi de 1856, par M. Vavasseur (introd., p. 6 et suiv.).

par les fondateurs, conformément à l'art. 25, règlent les clauses essentielles du pacte social. J'ai étudié à la fin du chapitre précédent comment l'évaluation des apports était soumise à l'approbation de la première assemblée générale, comment cette assemblée devait aussi nommer les premiers administrateurs et examiner la sincérité de la déclaration faite par les fondateurs. On voit que ce sont là des questions capitales qui nécessitent l'examen le plus sérieux de la part des actionnaires; aussi, dans ces cas spéciaux déterminés par l'art. 28, la loi a-t-elle exigé que les actionnaires présents représentassent *au moins la moitié du capital social* (1); de cette façon, la majorité, suffisante pour prendre les décisions soumises à l'assemblée, représentera plus du quart du capital.

Toutefois, si l'assemblée ne réunit pas la représentation du capital social désirée par la loi, ses délibérations, sans être pleinement valables, ne seront pas non plus dépourvues de tout effet. Il importe qu'une délibération soit prise; la constitution de la société en dépend, et on aurait pu aboutir à une impasse en exigeant nécessairement la représentation d'au moins la moitié du capital. Que faire, en effet, si une deuxième convocation n'amenait point un nombre d'actionnaires plus considérable que la première? On a dû se départir d'une rigueur aussi dangereuse, et il suffit que la seconde assemblée soit *composée d'un nombre d'actionnaires représentant au moins le cinquième du capital social* (2), pour qu'elle puisse approuver définitivement les résolutions provisoires prises par la première

(1) « Le capital social, dont la moitié doit être représentée pour « la vérification de l'apport, se compose seulement des apports non « soumis à vérification. » (Art. 30, 2° alin.)

(2) Art. 30, *in fine.*

assemblée. — Toutefois, pour que l'absence des actionnaires ne pût avoir d'autre cause que leur indifférence et qu'elle impliquât en quelque sorte un assentiment tacite de leur part, la loi ordonne que « *deux avis publics, à huit* « *jours d'intervalle, au moins un mois à l'avance, dans* « *l'un des journaux désignés pour recevoir les annonces* « *légales, feront connaître aux actionnaires les résolutions* « *provisoires adoptées par la première assemblée.* »

II. Une deuxième classe d'assemblées, qui se distingue aussi par l'importance des décisions à prendre, comprend « *celles qui ont à délibérer sur des modifications aux sta* *tuts;* » la loi ajoute : « *ou sur des propositions de conti* « *nuation de la société au delà du terme fixé pour sa* « *durée, ou de dissolution avant ce terme.* » Il me semble que ce cas pouvait parfaitement rentrer dans l'hypothèse de modification des statuts : n'est-ce pas en effet une des clauses essentielles de ces statuts, que celle qui fixe l'époque où la société sera dissoute ?

Les statuts primitifs publiés par les fondateurs ont reçu l'approbation personnelle des premiers actionnaires par le fait même de leurs souscriptions. Quelle sera donc la majorité capable de modifier après coup ces clauses essentielles d'un contrat accepté par tous individuellement? En droit commun, le consentement de *toutes* les parties est nécessaire à la moindre modification à faire au contrat qu'elles ont arrêté. « Si donc on s'en était tenu « aux principes rigoureux du droit, il aurait fallu con « voquer l'unanimité des actionnaires. On a pensé que « cela ne serait peut-être pas pratique et qu'en se main « tenant dans la rigueur juridique, on courrait le risque « de porter atteinte à une société en pleine existence, ou

« du moins à une société qui pourrait encore suivre ses
« destinées au moyen de certaines modifications (1). »
Ne pouvant exiger l'assentiment personnel de tous les
actionnaires, ni même leur présence à l'assemblée générale, devant laquelle seraient proposés les changements
dans les statuts, on s'est arrêté à ce qui était seul raisonnable et possible en pratique, à la nécessité de la présence
d'au moins moitié des actionnaires. Quoiqu'au point de
vue des principes du droit, une modification dans les
statuts fût plus grave que l'approbation des apports ou
les autres formalités que j'ai citées dans le paragraphe
précédent, c'est cependant à la même majorité que l'on
a voulu s'en rapporter dans l'un et l'autre cas. Il reste
cependant une différence essentielle. Quand il s'agit des
décisions qui sont soumises à la première classe d'assemblées, et qu'après une première convocation les actionnaires présents n'ont point atteint le chiffre fixé par la
loi, une deuxième assemblée moins nombreuse peut
approuver définitivement les résolutions prises. Ici, au
contraire, quand il s'agit de modifier les statuts, la loi exige
rigoureusement une assemblée représentant la moitié au
moins de l'actif. C'est que dans la première hypothèse la
société ne saurait se constituer si on n'arrive à une délibération valable ; dans le second cas, au contraire, si la
modification proposée n'obtient pas l'approbation d'une
majorité suffisante, la société continuera dans les mêmes
conditions que par le passé.

III. La troisième classes d'assemblées comprend celles
qui ont à délibérer dans des cas autres que ceux prévus

(1) Observation de M. Marie au Corps législatif, séance du 5 juin
1867 (*Moniteur* du 6).

dans les deux précédents paragraphes : c'est donc de beaucoup la classe la plus nombreuse.

J'ai parlé précédemment des assemblées extraordinaires qui étaient réunies, soit pour constituer la société elle-même, soit pour en modifier les bases. Mais, dans le cours ordinaire des choses, il est juste que la société, qui s'est primitivement démise de la gestion de ses propres affaires au profit de mandataires de son choix, intervienne de temps en temps directement pour vérifier les comptes et contrôler l'administration. La loi a pensé que c'était là une des conditions essentielles à la bonne direction des entreprises, et elle n'a pas permis aux actionnaires de se dépouiller eux-mêmes de tout droit d'ingérance dans les affaires sociales ; elle a posé, aux pouvoirs des administrateurs, une sage pondération, en les forçant de rendre compte de leur mandat dans une assemblée générale annuelle, art. 27.

Dans ces assemblées ordinaires, la loi s'est départie des exigences qu'elle a cru nécessaires dans les circonstances exceptionnelles que nous avons passées en revue précédemment. Les parties rentrent donc ici dans le plein exer-cice de leur liberté ; les statuts déterminent, dit l'article 27, le nombre d'actions qu'il est nécessaire de posséder, soit à titre de propriétaire, soit à titre de mandataire, pour être admis dans l'assemblée, et le nombre de voix appartenant à chaque actionnaire, eu égard au nombre d'actions dont il est porteur (1).

(1) V. *infrà* (section suivante) tout ce qui a trait à la reddition des comptes par les administrateurs aux assemblées annuelles.

SECTION II. — DES ADMINISTRATEURS ET DES COMMISSAIRES.

Tant que la société n'est qu'à l'état de projet, la direction appartient aux fondateurs ; mais lorsque la société est
constituée, la personne des fondateurs disparaît, en principe, complètement, et c'est à la société elle-même qu'il
appartient d'organiser son administration. J'ai examiné,
dans la section précédente, quelle devait être la composition de l'assemblée générale appelée à procéder à l'élection des administrateurs. Je ferai seulement remarquer
que l'élection n'est pas le mode unique de désignation des
administrateurs. Il pouvait être utile de s'écarter de ce
principe à l'origine même de la société. Les fondateurs,
qui ont joué un rôle si actif jusque-là, étaient sans doute
stimulés par l'espérance de rester à la tête de la société ;
ils peuvent demander à conserver encore quelque temps
la direction des affaires sociales, et ont la faculté d'insérer
dans les statuts une clause qui leur confère le titre et les
pouvoirs d'administrateurs, « avec stipulation formelle
que leur nomination ne sera point soumise à l'approbation
de l'assemblée générale. » L'approbation tacite de cette
clause résulte de la volonté que manifeste chaque actionnaire, par sa souscription même, d'accepter toutes les stipulations des statuts. Je montrerai plus loin que les pouvoirs que les administrateurs tiennent ainsi d'une stipulation des statuts ne leur sont point conférés pour un temps
aussi long que ceux qui émanent de l'élection des actionnaires.

Comme il intervient entre la société et ses administrateurs un véritable contrat synallagmatique, que la loi qua-
lifie elle-même du nom de mandat (art. 22), l'acceptation

des administrateurs est donc nécessaire à la formation de
ce contrat (1); cette acceptation peut être expresse ou tacite. Elle est expresse dans l'hypothèse prévue par l'art. 25 :
« Le procès-verbal de la séance (d'élection) constate l'acceptation des administrateurs et des commissaires présents
à la séance. » Mais il ne saurait être douteux que l'acceptation du mandat ne puisse aussi résulter tacitement de
l'exécution qui lui aura été donnée par le mandataire
(art. 1985). C'est une question laissée à l'appréciation des
tribunaux, que celle de savoir quels sont les faits d'exécution suffisants pour entraîner l'acceptation tacite du
mandat.

Quel sera le nombre de ces mandataires administrateurs? La loi laisse sous ce rapport toute latitude aux intéressés. « Art. 27 : Les sociétés anonymes sont admi-
nistrées par *un* ou *plusieurs* mandataires. » La loi ajoute :
« *salariés ou gratuits.* » Contrairement aux règles du
mandat ordinaire (art. 1986), j'inclinerais à penser qu'ici
la gratuité ne doit pas être présumée : l'importance des
fonctions d'administrateurs, la lourde responsabilité qui
en est la conséquence, enfin l'usage général, font penser
que l'administrateur a droit de compter sur une juste rémunération de ses services.

L'un des caractères du mandat est d'être révocable à
la volonté du *mandant* (art. 2003), et la loi a formelle-
ment reconnu ici ce principe.

Je pense toutefois qu'il est une hypothèse spéciale où
la révocabilité cesse : c'est celle où, en vertu de l'art. 25,
3e alinéa, les administrateurs auront été désignés par les

______

(1) Art. 1984 et suiv.

statuts mêmes. Cette nomination des administrateurs devient alors en effet une des conditions du contrat de société, et les actionnaires se sont engagés, en acceptant les statuts, à laisser l'administration aux personnes désignées, au moins pendant le délai *maximum* de trois ans fixé par la loi. On pourrait peut-être soutenir cependant que c'est simplement la responsabilité *ad nutum* à laquelle les associés ont renoncé, et que, si l'affaire était portée devant les tribunaux, ceux-ci pourraient prononcer la révocation pour une cause dont ils auraient à apprécier la gravité.

Une juste réciprocité veut que le mandataire puisse aussi se démettre de son mandat, et quoique la loi spéciale n'ait pas reproduit le 2° de l'art. 2003, qui accorde cette faculté au mandataire, il n'est pas douteux que ce principe général ne soit applicable à notre matière.

Il est cependant une circonstance qui pourrait, au premier abord, faire penser que cette double faculté laissée aux parties de révoquer le mandat ou d'y renoncer ne s'étend pas au mandat spécial dont je m'occupe en ce moment. La loi dit, en effet, que les administrateurs sont des mandataires *à temps* : à quoi bon imposer un terme à une convention dont chaque partie peut se départir à son gré? Je crois qu'en effet, en théorie pure, ce terme n'a pas une grande portée; mais il faut bien reconnaître qu'en pratique, révoquer un administrateur ou ne pas le renommer sont des choses toutes différentes. Dans bien des cas où on n'oserait pas prendre une mesure aussi grave que la destitution d'un administrateur, la confiance qu'il inspirait peut se trouver assez diminuée pour empêcher le renouvellement de ses pouvoirs. D'ailleurs, s'il est vrai que la révocation d'un mandataire est toujours possible et ne dépend en tout état de cause que de la seule volonté du mandant, il n'en est pas de même en ce qui regarde la renonciation que peut faire le mandataire : cette renonciation ne saurait avoir lieu sans indemnité, dans des circonstances où elle causerait un préjudice au mandant (art. 2007). Le terme fixé aura au moins cet effet, que l'administrateur pourra toujours se retirer au moment de l'expiration de ses pouvoirs, sans qu'on puisse rechercher si sa retraite cause un préjudice à la société.

Une difficulté s'est présentée à l'esprit du législateur en ce qui concerne le choix des administrateurs et les garanties qu'ils devaient offrir. J'aurai bientôt l'occasion d'examiner l'étendue de la responsabilité de ces mandataires : il me suffira de dire que cette responsabilité existe pour montrer la grande utilité d'une sorte de *cautionnement* apporté par eux. La loi aurait pu, sans doute, s'en rapporter sur ce point à la sagesse des actionnaires et croire qu'ils auraient le bon sens de ne confier leur mandat qu'à des personnes qui, outre les conditions de probité et de capacité, présenteraient des garanties de solvabilité suffisantes; mais, subissant l'influence du système qui a pour but de protéger toujours les actionnaires contre leur propre incurie ou contre les ruses des financiers, l'art. 22 a exigé que l'administrateur présentât une garantie spéciale, une sorte de *couverture*, qui rendrait sa responsabilité réelle et effective : il dit, en effet, que les administrateurs devront être choisis parmi les associés, et la garantie qu'ils offrent consiste précisément dans l'argent qu'ils ont engagé dans la société. Si l'on n'exige que le titre d'*associé,* la garantie pourrait bien être illusoire, car il suffit d'une seule action pour pouvoir se dire associé, et être, à ce titre, élu administrateur. Le vœu de la loi est que les statuts déterminent le nombre d'actions qu'il faudra posséder pour pouvoir être administrateur ; mais on se demande si notre art. 22 a bien atteint son but. Il a prévu l'incurie du public actionnaire, qui n'aurait pas la prudence d'exiger des administrateurs un gage de leur bonne gestion, et il a cru y remédier en exigeant que l'administrateur fût associé. Mais pour que cette précaution soit efficace, il faut, je viens de le montrer, que les statuts interviennent ; or, en supposant chez les contractants l'incurie que prévoit la loi elle-même, il est fort probable que les statuts seront muets, et que la garantie exigée par la loi restera illusoire, une seule action suffisant pour donner le titre d'associé. Que si, au contraire, les actionnaires sont prévoyants, et ont, dans les statuts, exigé de leurs administrateurs un cautionnement réel d'un certain nombre d'actions, notre paragraphe devient encore inutile, puisque c'est non plus en vertu de la loi, mais en vertu des statuts, que la garantie est exigée. Je ne vois donc pas que, comme disposition législative, cette partie de l'article ait une portée réelle : elle a tout au plus, en la rapprochant de l'art. 26, la valeur d'un *conseil* donné aux administrateurs.

La nécessité de choisir les administrateurs parmi les associés ayant, d'après la détermination des statuts, un assez grand nombre d'actions, peut aboutir à un grave inconvénient. La gestion d'une industrie exige souvent chez ceux qui la dirigent des connaissances toutes spéciales et qui peuvent ne se rencontrer chez aucun de ceux qui réunissent d'ailleurs les autres conditions nécessaires pour être administrateurs. On serait donc forcé de mettre à la tête de l'entreprise des hommes incapables de la gérer. C'est pour obvier à cet inconvénient que la loi a permis aux administrateurs de se substituer un mandataire, étranger à la société, et dont ils sont responsables vis-à-vis d'elle (art. 22). Je renvoie au moment où je parlerai de la responsabilité des administrateurs en général l'étude de cette responsabilité particulière ; je remarquerai seulement ici que la loi, en laissant aux administrateurs la faculté de se décharger du soin de la gestion, ne diminue en rien le poids de leur responsabilité personnelle.

Non seulement la loi a voulu que l'administrateur fût associé, c'est-à-dire qu'il eût à la prospérité des affaires sociales un intérêt direct ; mais elle a cherché à éviter que cet intérêt pût être balancé par un intérêt contraire. On comprend, en effet, que si l'administrateur associé a fait avec la société un marché quelconque de fournitures, son intérêt comme fournisseur sera diamétralement opposé à son intérêt comme associé, et, dès lors, il pourrait abuser de ses pouvoirs pour conclure un marché aussi profitable pour lui-même que désavantageux pour la société. La loi cherche toujours à éviter de pareilles situations, où les individus se trouvent placés entre leur intérêt et leur devoir, trop sûre que le meilleur moyen de ne pas les voir succomber à la tentation, c'est de ne pas les y soumettre. Elle a donc interdit aux administrateurs « de « prendre ou de conserver un intérêt direct ou indirect « dans une entreprise ou un marché fait avec la société « ou pour son compte. » Ainsi l'administrateur ne pourra point devenir entrepreneur, ni l'entrepreneur devenir administrateur ; il faudra opter entre ces deux qualités.

Les termes de l'art. 40 ne visent que les *entreprises* ou marchés, et ils ont été employés restrictivement. Il est évident, en effet, que l'on ne pourrait édicter une incompatibilité entre la qualité d'administrateur et celle d'intéressé, à un titre quelconque, dans une compagnie rivale. Toutefois, même avec cette restriction, la prohibition de l'art. 40 pourrait encore devenir une entrave fort gênante et fort nuisible à l'intérêt même que la loi a voulu sauvegarder. Aussi l'art. 40, dans ces derniers mots, permet aux administrateurs de se faire autoriser par l'assemblée générale à soumissionner un entreprise ou un marché. Mais comme cette situation, même acceptée par les parties n'en présenterait pas moins certains périls, la loi a voulu qu'une surveillance incessante fût nécessairement exercée, et a ordonné que « chaque année il fût rendu à l'assemblée générale un *compte spécial* des marchés ou entreprises par elle autorisés. »

Pouvoirs des administrateurs.

J'ai recherché quelles étaient les personnes qui pouvaient devenir, en qualité d'administrateurs, les mandataires de la société : je dois rechercher maintenant quelle est l'étendue de ce mandat.

Cette étendue est bornée d'abord quant au temps pour lequel les administrateurs sont investis de leurs pouvoirs : c'est un délai de *six années* que la loi a fixé comme *maximum* de la durée de ses pouvoirs. A l'expiration de ce terme, elle veut que les administrateurs viennent redemander au libre suffrage des associés la confirmation de leur mandat ; ces élections nouvelles seront une occasion toute naturelle d'écarter, sans l'éclat d'une révocation, l'administrateur qui ne se serait pas montré digne de la confiance qu'on avait placée en lui. — Il est une hypothèse spéciale, déjà indiquée au commencement de ce chapitre, où les pouvoirs des administrateurs ont une durée plus courte encore : c'est dans le cas où ces pouvoirs ont été conférés en vertu d'une clause expresse des statuts. Le *maximum* de leur durée est alors de *trois ans*, au bout desquels les actionnaires rentrent pour toujours dans leur droit de choisir librement leurs administrateurs.

Mais quelle est la portée du mandat confié aux administrateurs, quelle est l'étendue de leurs pouvoirs, quels sont leurs devoirs, et quels sont leurs droits? Telle est la question capitale sur cette matière.

Il ne faut pas confondre les administrateurs d'une société anonyme avec les gérants d'une société en commandite : ces derniers sont des associés principaux qui, en engageant la société, engagent aussi leur propre responsabilité *in infinitum ;* les autres, au contraire, tout en ayant un intérêt dans la société, ne sont pas plus engagés par leurs propres actes que tous les autres associés. Je verrai donc une différence sensible entre les pouvoirs des administrateurs et des gérants, différence quant à leur cause, différence aussi quant à leur étendue. Les pouvoirs du gérant on : pour cause sa qualité d'associé responsable *in infinitum ;* ceux des administrateurs, au contraire, n'ont d'autre origine que le mandat conféré par l'assemblée des actionnaires. A défaut de clause expresse, l'étendue du pouvoir d'un gérant devra donc être appréciée d'une manière plus large, tandis que pour l'administrateur on devra s'en tenir aux règles ordinaires du mandat : ainsi, ceux mêmes qui pensent que le gérant a le pouvoir de *faire un emprunt* (1) n'iront pas jusqu'à accorder le même pouvoir aux administrateurs (2). Néanmoins, l'application même des règles du mandat

(1) V. Troplong, *Des Sociétés.*
(2) Doll. (J.-G.), épr. 480 et 1536. Nancy, 22 déc. 1842.

conduit à accorder aux administrateurs des pouvoirs encore fort étendus ; ils peuvent faire tous les actes ordinaires qui rentrent dans le but que la société s'est proposé, comme achat ou vente de matières premières ou de marchandises fabriquées, marchés avec des entrepreneurs ou des commis, en un mot tout ce qui rentre dans la gestion normale de la société, telle qu'elle est constituée. En ce qui regarde les aliénations, c'est toujours le même principe qui doit être suivi : les administrateurs pourront faire toutes les aliénations qui ne sortent pas des limites probables d'une administration ordinaire ; ils auront aussi le plein exercice de toutes les actions relatives à cette administration. Pour tous les autres actes et pour tous ceux qui auront été spécialement prévus par les statuts, ils ne pourront agir sans le consentement exprès du mandant, qui est la société elle-même constituée en assemblée générale.

Obligations des administrateurs.

Après avoir parlé des pouvoirs des administrateurs, je m'occuperai de leurs obligations.

I. En acceptant le mandat, ils se sont engagés à l'accomplir et à apporter à la gestion des affaires dont ils sont chargés les soins d'un bon père de famille (1) ; j'étudierai tout à l'heure la sanction de cette règle en traitant de la *responsabilité des administrateurs.*

II. La deuxième obligation du mandataire, en général, est de rendre compte de son mandat ; et ici, des règles spé-

(1) Art. 1991 et 1992, C. N.

ciales, nombreuses et précises, ont pour but de rendre sérieux et efficace le contrôle de la société.

C'est dans l'assemblée générale, qui doit, en vertu de l'art. 32, se tenir au moins tous les ans, que les administrateurs doivent venir rendre leurs comptes. Cette assemblée est composée comme je l'ai plus haut, en étudiant la troisième classe d'assemblées générales. On comprend facilement que si l'on se bornait à donner lecture à l'assemblée du compte-rendu fait par les administrateurs, il serait impossible, même aux hommes les plus intelligents et les plus versés dans les affaires, de saisir à la simple audition l'ensemble et les détails des opérations, de constater l'exactitude des chiffres indiqués, de juger enfin si la gestion a été bonne et si elle mérite de recevoir l'approbation des intéressés. L'expérience avait montré qu'il existait là une lacune dans la loi, et que la réunion d'une assemblée générale annuelle n'avait quelque intérêt que si les membres étaient mis à même d'apprendre autrement que par une simple lecture quelles avaient été les opérations faites par la société. Dans ce but, les art. 34 et 35 veulent que, conformément à l'art. 9 du Code de commerce, il soit établi chaque année un inventaire contenant l'indication des valeurs mobilières ou immobilières, et de toutes les dettes de la société : *quinze jours au moins avant la réunion de l'assemblée générale,* tout actionnaire pourra prendre, au siége social, communication de cet inventaire et de la liste des actionnaires ; ils peuvent dans le même délai se faire délivrer copie du bilan résumant l'inventaire et du rapport des commissaires dont je vais parler dans un instant.

La loi ne s'est point encore contentée de ces précautions. Elle a pensé que si on s'en rapportait à la masse des actionnaires pour contrôler directement les actes des administrateurs, chacun compterait sur son voisin pour se charger de ce soin, et personne n'exercerait cette surveillance, qui est la seule garantie du public contre l'infidélité toujours possible, et souvent trop réelle, de ses mandataires, Déjà la loi de 1863 (art. 15), avait voulu que certains membres de la société fussent spécialement délégués pour exercer ce contrôle direct au nom et dans l'intérêt de tous. La loi de 1867 reproduit cette sage mesure et exige que chaque assemblée générale annuelle (1) choisisse « un ou plusieurs commissaires, *associés ou non*, chargés de faire un rapport à l'assemblée générale de l'année suivante sur la situation de la société, sur le bilan et sur les comptes présentés par les administrateurs. « Ces commissaires doivent avoir toutes les facilités possibles pour arriver à connaître d'une façon formelle tout ce qu'ils sont chargés de faire connaître eux-mêmes à la masse des actionnaires. Aussi l'art. 34 exige-t-il que « l'inventaire, « le bilan et le compte des profits et pertes soient mis à « la disposition des commissaires le quarantième jour au « plus tard avant l'assemblée générale. »

Ce n'est qu'après que le rapport des commissaires a été présenté à l'assemblée générale que celle-ci peut procéder au vote par lequel elle sanctionnera la conduite des administrateurs ; la délibération contenant approbation du

______

(1) « A défaut de nomination des commissaires par l'assemblée générale annuelle, ou en cas d'empêchement ou de refus d'un ou plusieurs commissaires nommés, il est procédé à leur nomination ou à leur remplacement par ordonnance du président du tribunal de commerce du siége de la société, à la requête de tout intéressé, les administrateurs dûment appelés. » (Art. 32, *in fine*.)

bilan et des comptes est *nulle*, si elle n'a été précédée du rapport des commissaires. Mais comme la simple lecture de ce rapport pourrait encore être difficilement comprise, la loi ajoute, comme nous l'avons vu plus haut, que quinze jours au moins avant l'assemblée générale tout actionnaire pourra se faire délivrer copie des rapports des commissaires.

Responsabilité des administrateurs.

Malgré toutes les précautions prises par la loi, il n'est pas douteux que les administrateurs puissent encore s'écarter du mandat qui leur a été confié ; dans ce cas, la responsabilité de l'administrateur sera engagée.

Mais il ne faut jamais oublier que pour que l'administrateur soit tenu personnellement, il faut qu'il soit sorti de ses pouvoirs ou qu'il ait manqué à l'une de ses obligations. Simples mandataires, ils agissent au nom de la société, et non en leur nom propre. Ils ne sont donc d'ordinaire nullement engagés personnellement, et les tiers avec lesquels ils ont traité n'ont action que contre la société : les poursuites peuvent bien avoir lieu contre les administrateurs, mais seulement comme représentant la société, et sans qu'il puisse en résulter une condamnation personnelle.

Mais partout ou l'administrateur aura agi en dehors des pouvoirs qu'il a reçus, sa responsabilité personnelle se trouvera compromise, vis-à-vis soit de la société elle-même, soit des tiers avec lesquels il a traité. Ce sera vis-à-vis des tiers toutes les fois que la société pourrra opposer le défaut de pouvoir de son mandataire pour l'acte spécial auquel il a souscrit ; ce sera au contraire vis-à-vis de la société elle-même lorsque le tiers pourra poursuivre contre elle l'exécution de l'engagement. Mais comment peut-on comprendre qu'un tiers puisse requérir de la société l'exécution d'une obligation que nous supposons contractée par son mandataire en dehors de ses pouvoirs ? Il peut exister des cas où le tiers qui traite avec un administrateur ne peut connaître avec précision l'étendue de son mandat. Toutes les fois donc qu'en consultant les statuts, le tiers aura pu ignorer que l'acte qu'on lui proposait était en dehors des pouvoirs de l'administrateur, sa bonne foi le mettra à l'abri de tout préjudice ; il pourra s'adresser au mandant, c'est-à-dire à la société, comme si elle était valablement engagée, sauf le recours de celle-ci contre son mandataire infidèle.

Il est de principe certain que la ratification du mandant donne toute validité à l'obligation contractée par le mandataire en dehors de ses pouvoirs. Mais une difficulté spéciale vient se présenter ici. J'ai toujours dit que le mandant était ici l'assemblée générale annuelle des actionnaires : c'est elle, en effet, qui confie le mandat aux administrateurs. Il semblerait donc que la ratification de cette assemblée dût valider *toutes espèces d'actes* ; et cependant il n'en est pas ainsi. Si l'on considère la situation de plus près, on verra qu'il n'est pas complètement exact de dire que l'assemblée générale remplit ici le rôle de mandant : le véritable mandant, c'est en effet *la société*. Or l'assemblée générale annuelle n'est qu'une représentation assez imparfaite de la société : il en résulte que cette assemblée n'a pas tous les pouvoirs qu'aurait la société elle-même, et il est évident qu'elle ne peut s'arroger ces pouvoirs ni en conférant le mandat, ni en ratifiant les actes de son mandataire. Certains actes restent donc en dehors et au-dessus de l'action de l'assemblée générale ordinaire, et ces actes sont tous ceux qui porteraient atteinte au pacte fondamental de la société. Pour changer ces bases mêmes du pacte social, j'ai déjà dit, en étudiant l'art. 31 (1), que les principes auraient exigé le consentement personnel de chaque intéressé; mais la loi, reculant devant cette impossibilité, a constitué une assemblée générale spéciale qui doit être composée d'un nombre d'actionnaires représentant la moitié au moins du capital social. C'est cette assemblée qui réunit tous les pouvoirs : c'est donc à elle qu'il faudra s'adresser pour ratifier ce qui, dans les actes des administrateurs, non seulement outrepasserait les bornes de leurs mandats, mais même pourrait porter atteinte aux conditions essentielles du contrat de société. Autrefois, avant l'organisation de cette assemblée générale, la cour de cassation (2) avait jugé qu'aucune approbation ne pouvait être donnée à l'égard des infractions au pacte social; mais je crois qu'aujourd'hui cette assemblée a pleins pouvoirs pour trancher *toutes* les questions qui intéressent la société. La ratification faite par cete assemblée d'un acte, *quel qu'il soit*, couvrirait donc complètement la responsabilité personnelle de l'administrateur qui l'aurait consenti.

L'excès de pouvoir n'est pas le seul cas où l'administrateur se trouve personnellement responsable de ses actes. Le mandataire répond, en effet, des fautes qu'il aurait commises en se renfermant dans les limites de son mandat, et de son dol, en quelque circonstance qu'il soit intervenu. La faute de l'administrateur doit être appré-

(1) V. pag. 117 et 118.
(2) Réq., 27 déc. 1853.

ciée ici d'autant plus rigoureusement, que le mandat est ordinairement salarié (art. 1992, *in fine*). Quant au dol, il est toujours assimilé à la faute lourde, et, même en dehors des règles du mandat, l'art. 1382 suffirait pour obliger celui qui s'en est rendu coupable à réparer le dommage qu'il a pu causer (1). Mais la question devient beaucoup plus délicate si l'on recherche le caractère précis qui donne à la faute une gravité suffisante pour engager la responsabilité de son auteur : où commencera la négligence, l'imprudence qui constitue la faute, c'est là une question laissée à l'appréciation des tribunaux. Il est cependant un cas spécial sur lequel la loi a donné une solution plus précise, parce que la mauvaise gestion de certaines sociétés en avait fait malheureusement une question pratique : je veux parler de l'hypothèse, trop souvent réalisée, où les administrateurs « ont distribué ou laissé « distribuer des *dividendes fictifs*. » Là encore les principes généraux auraient pu suffire : si, en effet, le caractère

---

(1) V. un jugement tout récent du tribunal de commerce de la Seine, en date du 5 mai 1868 : « Attendu que non seulement les membres du conseil d'administration (du Crédit mobilier) ne peuvent être considérés comme des mandataires purement gratuits, puisqu'il leur était attribué 100,000 fr. de jetons de présence et le dixième des bénéfices annuels, mais que de plus tous les faits qui leur sont reprochés, ayant le caractère d'un quasi-délit, peuvent être à bon droit invoqués contre tous ceux qui y ont pris part en organisant le doublement du capital social à un moment où déjà la ruine était évidente ; — attendu que par leurs manœuvres ils ont entraîné la foi des tiers et leur ont causé un préjudice dont ils leur doivent réparation ; — dit que l'émission des 120,000 actions engage la responsabilité des défendeurs (administrateurs de la Compagnie) ; les condamne au remboursement de ces actions à raison de 516 fr. par action, et aux intérêts suivant la loi. »

L'appel de ce jugement est pendant devant la Cour de Paris.

fictif des dividendes était connu des administrateurs, ils ont participé à un dol qui engage leur responsabilité ; s'ils étaient de bonne foi, ils ont manqué au premier devoir de leurs charges, qui est de contrôler les opérations et d'examiner la sincérité de l'inventaire ; ils ont donc commis une de ces fautes dont, sans nul doute, ils doivent également répondre. La disposition finale de notre article a-t-elle pour but d'imposer aux administrateurs une responsabilité qui ne tomberait pas même devant la preuve directe, dans les cas excessivement rares où elle pourrait être faite, qu'aucune faute ne pourrait leur être reprochée ? Mais alors le texte de la loi est-il assez affirmatif ? En parlant des administrateurs qui ont *distribué* ou laissé distribuer des dividendes fictifs, ne suppose-t-on pas que l'intervention de l'administrateur était possible, et par conséquent, que son abstention constitue une faute, même en droit commun ?.

Mais l'administrateur ne répond-il jamais que pour sa part des fautes commises par le conseil d'administration ? La simple lecture de l'art. 44 nous prouve le contraire : il nous dit, en effet, que « les administrateurs sont res-« ponsables, conformément au droit commun, *indivi-« duellement ou solidairement,* suivant les cas... » Le droit commun, visé ici par la loi, se réfère à l'art. 1795 du Code civil, qui établit qu'il n'y a solidarité entre les mendataires que si elle a été *exprimée.* Toutefois, la loi a établi dans certains cas une solidarité exceptionnelle et spéciale. C'est d'abord l'hypothèse où des associés ayant fait des apports à la société, autrement qu'en argent, ne se sont point conformés sur ce point à l'art. 4, en demandant l'approbation de l'assemblée générale : il y a là une inobservation des prescriptions légales qui, en faisant présumer une fraude grave, place ceux qui en sont coupables en dehors du droit commun (art. 42). Le second cas de solidarité exceptionnelle, qui est également prévu par l'art. 42, incombe encore à ceux qui n'auront pas accompli les formalités légales : il a trait aux cas où le défaut de formalité entraîne la nullité de la société, ou seulement de certains actes ou certaines délibérations. Je verrai, dans le chapitre suivant, quels sont ces cas de nullité.

J'ai étudié dans quelles circonstances et envers qui la responsabilité des administrateurs se trouve engagée : il me reste à dire en deux mots *sur quels biens porte cette responsabilité.*

La loi a cherché, sans peut-être y réussir, à rendre efficace la responsabilité des administrateurs, en exigeant le dépôt dans la caisse sociale d'un certain nombre de titres à eux appartenant. Mais évidemment elle n'a point voulu restreindre à ces actions déposées le gage des intéressés. Du moment que la responsabilité de l'administrateur est engagée, celui-ci devient débiteur de la société, et il est tenu personnellement *sur tous ses biens*, suivant le principe général qui veut que tout créancier ait pour gage la masse des biens de son débiteur (art. 1092, C. N.).

Après avoir parlé de la responsabilité des administrateurs, il me resterait à m'occuper de celle des *commissaires*. Mais l'art. 43 renvoie simplement au droit commun. Il n'y a donc point ici de responsabilité exceptionnelle, point de solidarité, sinon expresse. Les commissaires répondent de leurs fautes, suivant les règles ordinaires du

(1) V. pag. 140 et suiv.

mandat. Les tribunaux auront donc à apprécier les cas où les commissaires, ayant manqué aux devoirs de leurs charges, devront encourir la peine de leur négligence. Bien entendu, s'il y a dol de leur part, leur responsabilité se trouvera, sans nul doute, engagée.

SECTION III. — DE CERTAINES RÈGLES IMPOSÉES A LA GESTION DES ASSOCIÉS.

J'ai dû, à propos des fonctions des administrateurs et des commissaires, m'occuper incidemment de la gestion des affaires sociales : le rôle des premiers est en effet de la diriger, celui des seconds de la contrôler. J'ai dû déjà montrer que cette gestion n'était point complètement abandonnée aux mandataires de la société, et que la loi avait fait ici une nouvelle application de son système de protection et de tutelle, en voulant forcer les associés à exercer une surveillance régulière sur la gestion de leurs affaires. Dans ce but, il doit être dressé chaque trimestre un état sommaire de la situation active et passive de la société. Il doit être de plus établi chaque année, conformément à l'art. 9 du Code de commerce, un inventaire contenant l'indication des valeurs mobilières et immobilières, et de toutes les dettes de la société. Il est naturel que la société soit soumise aux mêmes règles que les commerçants ordinaires ; mais ici la loi exige plus, puisqu'elle veut, outre le bilan annuel ordinaire, un état sommaire de la situation dressé chaque semestre.

J'ai déjà dit comment l'inventaire, le bilan et le compte des profits et pertes sont mis à la disposition des commissaires, le quarantième jour au plus tard avant l'assemblée générale. Les actionnaires peuvent aussi prendre communication de ces documents dans la quinzaine qui précède la réunion de l'assemblée.

Jusqu'ici les règles imposées à la société anonyme ne se distinguent pas essentiellement des obligations imposées à tout commerçant, dans l'intérêt de la sécurité des tiers et de celle du commerce lui-même. Mais il me reste à examiner une disposition tout exceptionnelle par laquelle la loi est venue réglementer l'administration des affaires sociales, non plus pour une simple question de forme et dans le but de protéger les tiers, mais pour des faits qui semblent appartenir le plus directement à la libre appréciation des intéressés, et où elle a voulu priver ceux-ci de leur liberté dans leur intérêt propre. Il s'agit du partage des bénéfices, et non pas de ces bénéfices fictifs qui peuvent donner lieu à répétition, mais des bénéfices réels et sérieux, définitivement acquis à la société. Il semble que le partage de ces bénéfices soit le plus licite et le plus naturel de tous les droits : chacun des associés n'a-t-il pas le droit de toucher sa part dans les bénéfices constatés par les inventaires ? Cela ne se passe-t-il pas ainsi dans les sociétés ordinaires ?

Cependant la disposition de la loi me semble pouvoir être justifiée. S'il est vrai que dans les sociétés ordinaires les bénéfices peuvent être immédiatement partagés entre les intéressés, il ne faut pas oublier que ces bénéfices vont alors grossir la fortune des associés et continuent à rester ainsi le gage des créanciers de la société même, puisque les associés sont tenus *in infinitum*. Dans les sociétés anonymes, au contraire, les associés n'étant point tenus personnellement, les bénéfices une fois touchés cessent d'être le gage des créanciers, et l'on peut facilement con-

cevoir une société qui, après des bénéfices énormes réalisés pendant de longues années, succomberait tout à coup
et ne paierait même pas ses créanciers. Je sais qu'il y a là
une conséquence du principe de l'irresponsabilité, librement acceptée par tous ; mais l'équité n'en est pas moins
choquée, et l'on ne doit point s'étonner de voir une loi
qui, à tort ou à raison, s'est beaucoup plus occupée des
faits et de la pratique que des principes et de la théorie,
vouloir remédier au danger qui menace ici la bonne foi
des tiers. Les bénéfices n'appartiendront donc plus de suite
aux associés : une partie au moins devra servir à former un
fonds de réserve qui aidera la société à triompher d'une
crise et présentera en même temps une garantie aux tiers
créanciers. Ce prélèvement doit être au moins d'un
vingtième sur les bénéfices nets ; mais il cesse d'être obligatoire lorsque le fonds de réserve a atteint le dixième du
capital social. La loi a craint d'imposer aux associés une
obligation trop lourde en les privant pendant longtemps
de bénéfices régulièrement acquis, et c'est pour cela
qu'elle a limité à cette proportion le chiffre du fonds de
réserve obligatoire : mais on peut se demander si une
réserve aussi peu importante augmente d'une façon bien
sensible la sécurité des créanciers et la solidité de la société elle-même.

CHAPITRE V.

DES CAUSES DE NULLITÉ OU DE DISSOLUTION DES SOCIÉTÉS ANONYMES.

———

Cette personne morale que l'on appelle une société est soumise à toutes les conditions ordinaires qui sont le partage des êtres véritables. Comme eux, elle est destinée à avoir une vie plus ou moins longue, et sa mort, c'est la dissolution ; comme eux aussi, elle peut, pour ainsi dire, mourir avant que de naître, ou avoir à sa naissance un germe de mort inévitable, et ce vice, qui fait de l'être moral un être *mort né* ou *non viable,* c'est la nullité.

J'aurai donc à diviser mes explications en deux sections, la première sur la *nullité,* la seconde sur la *dissolution.*

SECTION Ire. — DES CAUSES DE NULLITÉ DES SOCIÉTÉS ANONYMES.

La société est un contrat, et, comme telle, doit réunir toutes les conditions exigées pour la validité des conventions : l'absence des éléments nécessaires, *consentement, objet, cause licite,* entraînerait donc la nullité de la société comme de tout autre contrat. Mais de plus la société est un contrat spécial qui doit obéir aux règles posées par le titre IX du livre III du Code civil, et si elle est commerciale, elle doit se conformer en outre aux dispositions du Code de commerce sur cette matière. Mais ce ne sont point toutes ces causes de nullité que je veux examiner ici ; ce n'est point de la société en général que je m'occupe; ce n'est même point de la société commerciale : c'est uniquement de la société anonyme.

La nullité est en général la sanction des prescriptions légales, la peine imposée à leur inobservation. Mais toutes les prescriptions légales ont-elles la même force, et chacune d'elles entraîne-t-elle toujours , lorsqu'elle n'est point obéie, la nullité? La question ainsi posée, en général, n'est pas sans difficultés. Si, en effet, il est indubitable que certaines dispositions du Code doivent être observées *à peine de nullité,* il n'est pas douteux non plus que d'autres dispositions ne sont point protégées par une sanction aussi rigoureuse. Il y a donc des distinctions à faire, distinctions souvent difficiles, car la loi n'a pas dit toujours quelles étaient les règles auxquelles elle attachait la peine de nullité. Doit-on juger avec la même latitude d'appréciation la portée des dispositions de la loi spéciale qui nous occupe? Je ne le pense pas. Car, en énumérant dans un article spécial (1) les règles qui devaient être observées à peine de nullité, le législateur a suffisamment indiqué que la même peine ne serait point infligée à l'inobservation des autres parties de la loi.

Les articles que vise l'art. 31, et dont la violation est si rigoureusement punie, sont du reste assez nombreux. Je ne veux point passer ici en revue toutes ces dispositions ; ce serait revoir la loi elle-même : il me suffira de renvoyer au texte de la loi et d'indiquer seulement ici d'une manière générale que les règles dont l'observation est si sévèrement prescrite sont toutes celles relatives à l'organisation même de la société : division du capital en actions,

(1) V. art. 41.

négociabilité des titres, rédaction de l'acte de société, vérification des apports, constitution des différents pouvoirs sociaux, etc.

Avant de m'occuper de la nullité prononcée par l'art. 41, je rechercherai brièvement les dispositions de la loi qui n'y sont point soumises et les sanctions d'une autre sorte qui peuvent être appliquées. — J'ai déjà dit que l'art. 26 me semblait contenir, à propos du cautionnement des administrateurs, une disposition qui n'avait point de portée réelle, parce qu'elle manquait précisément de sanction. — Les art. 27, 28, 29, 30 et 31 réglementent la composition et le vote des diverses assemblées. Il est évident que l'inobservation de ces dispositions ne peut entraîner la nullité de la société elle-même ; mais il ne peut pas être douteux qu'une certaine nullité ne soit la sanction de ces règles. Les délibérations d'une assemblée constituée irrégulièrement ne sauraient, en effet, avoir aucune valeur, et tous les intéressés peuvent demander l'annulation des décisions prises. — Quant aux art. 32 à 37, ils imposent certaines règles à la gestion des affaires sociales, et ils ne sauraient avoir d'autre sanction que la responsabilité des administrateurs qui ne les auraient pas observées.

Je reviens à la nullité de la société elle-même édictée par l'art. 41, et j'examinerai à ce sujet deux questions ; d'abord : *Qui a le droit d'invoquer la nullité ?* ensuite : *Quel est l'effet de la nullité une fois prononcée ?*

I. Qui a le droit d'invoquer la nullité ?

La nullité est-elle *absolue* et peut-elle être demandée par tous les intéressés, ou bien est-elle relative, et la protection qu'elle accorde ne peut-elle être invoquée que

par certains intéressés qu'elle a eus spécialement en vue?
L'esprit et le texte de la loi s'accordent pour répondre
à cette question. Les formalités imposées par la loi aux
sociétés anonymes n'ont d'autre but que de protéger le
public, et au moins autant le public actionnaire qui fait
partie de la société elle-même que le public qu'on appelle
les tiers, et qui, placés en dehors de la société, viennent
traiter avec elle à un titre quelconque. La nullité est donc
absolue et peut être invoquée par tout intéressé, aussi bien
par un associé que par un tiers créancier quelconque.

J'ai dit que le texte de la loi conduirait à cette solution.
En effet, le rapprochement de l'art. 41 de la loi de 1867
et de l'art. 42 du Code de commerce fait ressortir la
pensée du législateur. Le texte de l'art. 42 est ainsi conçu :
« . . . . . Les formalités seront observées, à peine de
« nullité, à l'égard des intéressés ; mais le défaut d'au-
« cune d'elles ne pourra être *opposée à des tiers par les*
« *associés.* » Cette phrase restrictive avait passé dans les
lois de 1856 et de 1863 (1) ; elle s'était même glissée dans
le projet primitif de la loi de 1867. Elle a disparu depuis
dans les autres projets et sans que j'ai pu trouver la trace

(1) L'art. 42 du Code de commerce interdisait aux associés la
faculté d'invoquer la nullité contre les tiers. Mais il faut bien remarquer que la nullité prononcée par l'art. 42 n'est que la punition
imposée à la société pour défaut de publication, et l'on comprend
alors que la société ne puisse invoquer contre les tiers sa propre
faute. La phrase de l'art. 42 a paru pouvoir être copiée sans danger
par les législateurs de 1856 et de 1863, et ils n'ont pas pris garde
qu'ils appliquaient cette phrase à des causes de nullité toutes différentes de celle prévue par l'art. 42, à des vices empêchant l'existence même de la société, et non plus seulement à un défaut de
publication. La loi de 1867 a été bien inspirée en faisant disparaître cette anomalie.

de l'heureuse initiative qui en a amené la radiation. En retranchant ces derniers mots de l'article, le législateur a montré son intention de laisser toute leur valeur à ces mots : *sera nulle à l'égard des intéressés*. Il veut que l'associé puisse, aussi bien que le tiers créancier, invoquer une nullité qui a été édictée dans l'intérêt de tous.

II. Quel est l'effet de la nullité une fois prononcée ?

Les conséquences juridiques de cette nullité ne sont point difficiles à établir en principe : *la société sera réputée n'avoir jamais existé*. Que la nullité soit prononcée *avant* ou *après* que les opérations aient été commencées, l'effet juridique est le même ; la société disparaît comme personne morale, aussi bien dans le passé que dans l'avenir. Mais, en fait, si l'on conçoit aisément qu'une société, qui a réellement fonctionné pendant quelque temps, cesse d'exister et ne puisse se prolonger dans l'avenir, il est bien plus difficile de comprendre que cette société puisse être regardée comme n'ayant jamais eu d'existence. De ce que la société a fonctionné pendant un certain temps, il en résulte nécessairement que des rapports de fait se sont établis entre les membres de la société d'abord, puis entre eux et des tiers quelconques. Si l'association a fait une entreprise heureuse qui lui a causé un certain bénéfice, chaque associé est bien devenu créancier de la masse sociale ; si la compagnie a fait un emprunt, les tiers sont bien réellement devenus ses créanciers. La nullité prononcée ultérieurement pourra-t-elle faire que ce qui a été emprunté ne soit plus dû, que ce qui a été acquis légitimement ne soit pas partagé entre les co-propriétaires ? Évidemment non ; et lorsqu'on dit que la société est réputée n'avoir jamais existé, on n'entend point dire qu'il n'y ait eu aucune société de fait, mais seulement que cette société spéciale, qui avait été créée dans certaines conditions et avec certaines clauses, ne saurait avoir aucun effet. On réglera donc les rapports qui se sont établis entre les différentes classes d'individus par suite du fonctionnement de la société, non pas d'après les clauses du pacte social, mais simplement d'après les principes généraux du droit commun. Il faudra, pour liquider les droits de chacun, considérer qu'il y a eu, entre les prétendus associés, une *indivision* de fait : le partage s'en fera donc d'après les règles ordinaires du Code Napoléon, en matière d'indivision. — Quant aux rapports des associés avec les tiers, tout effet de la société anonyme disparaissant, ils seront évidemment réglés uniquement par le droit commun : dès lors, la responsabilité n'est plus limitée, les créanciers peuvent poursuivre le paiement intégral de ce qui leur est dû contre l'ensemble des associés ; mais aucune solidarité n'existe entre ces derniers, les créances se divisant entre eux aussi bien au point de vue passif qu'au point de vue actif.

Toutefois, si la nullité provient d'un défaut de formalités dont la faute est imputable à quelques-uns des associés, il est juste que ceux-ci en supportent la responsabilité. Le principe de l'art. 1382 suffirait pour servir de base à une pareille action. Mais la loi a voulu ici ajouter quelque chose au droit commun : elle a pensé que l'art. 1382, nécessitant que le demandeur fournît une preuve directe de la faute personnelle du défendeur, n'offrirait, la plupart du temps, qu'un secours inefficace. Elle a donc établi une sorte de présomption légale qui fait peser, sur les fondateurs et les administrateurs en fonctions, la responsabilité de la violation des dispositions légales ; et

dans tous les cas où la nullité aura été prononcée pour
inobservation des art. 22, 23, 24 et 25, les fondateurs et
les administrateurs seront *solidairement responsables* vis-
à-vis des intéressés.

Sans avoir donc à prouver qu'il y ait eu faute commise
par eux, chaque intéressé aura contre chacun des fondateurs ou administrateurs un recours *in infinitum*. Je remarquerai cependant que si « les administrateurs en fonctions » au moment où la nullité aura été prononcée, sont
soumis de plein droit à la responsabilité, il n'en est pas
tout à fait de même des fondateurs : pour ces derniers, il faut que la nullité « *leur soit imputable.* » La
preuve incombant nécessairement au demandeur, le droit
commun ne se trouve aggravé contre les fondateurs qu'à
cause de la solidarité établie par l'art. 42.

L'art. 42 ajoute : « La même responsabilité *peut* être
« prononcée contre ceux des associés dont les apports ou
« les avantages n'auraient pas été vérifiés et approuvés
« conformément à l'art. 24. » Ces termes montrent qu'il
n'y a là qu'une faculté laissée aux juges. D'après quelles
circonstances devront-ils se guider pour user de ce pouvoir? Je pense qu'il n'y aurait lieu d'infliger une responsabilité aussi rigoureuse que s'il se rencontrait dans l'estimation des apports et avantages des caractères évidents de
fraude qui parussent mériter une semblable sévérité.

(1) V. art. 42.

SECTION II. — DES CAUSES DE DISSOLUTION DES SOCIÉTÉS ANONYMES.

Parmi les cinq causes de dissolution des sociétés, énumérées dans l'art. 1865 du Code civil, il en est évidemment trois qui ne s'appliquent pas à la société anonyme :

1º La mort de quelqu'un des associés : le caractère de la société anonyme étant précisément que la personne des associés n'y est nullement considérée, la mort de l'un d'eux ne peut avoir aucune influence sur l'existence même de la société ;

2º L'interdiction ou la déconfiture de l'un des associés : cette cause de nullité disparaît ici par la même raison que la précédente ; les capitaux étant seuls engagés, on n'a pas plus à s'occuper des changements qui surviennent dans la personne juridique que de ceux qui surviennent dans la personne physique des associés ;

3º La volonté de l'un ou de plusieurs des associés. L'ancienne règle : « *N'est associé qui ne veut,* » exige que la société, quand elle n'a pas de terme fixé, soit dissoute par la seule volonté de l'un des associés, à plus forte raison de plusieurs. Mais ici, outre qu'un pareil principe aboutirait à une impossibilité pratique, la règle ne court point le risque d'être violée, car chaque associé est toujours libre de sortir de la société en cédant ou vendant ses actions (1).

L'art. 1865 ne nous fournit donc plus que deux causes de dissolution de la société : l'expiration du temps pour

(1) Il est évident que je n'exclus cette troisième cause de nullité qu'en tant qu'elle vise la volonté d'*un seul* ou même de plusieurs des associés, mais sans qu'ils arrivent à constituer la majorité. (V. nº IV, même section.)

lequel elle a été contractée et l'extinction de la chose ou la consommation de la négociation. Je décomposerai en deux cette dernière cause qui comprend évidemment deux hypothèses différentes, et j'y ajouterai les causes spéciales à la société anonyme, dont je trouve nécessairement la trace dans la loi de 1867. J'arrive ainsi à reconnaître six causes de dissolution :

1° L'arrivée du terme fixé ;

2° L'extinction de la chose ;

3° La consommation de la négociation ;

4° La volonté de la majorité des associés ;

5° La décision judiciaire sur la demande de tout intéressé dans le cas où, après la *perte des trois-quarts du capital social*, l'assemblée n'aura pas été appelée à se prononcer sur la dissolution ;

6° La décision judiciaire intervenue sur la demande de toute partie intéressée. lorsqu'un an s'est écoulé depuis l'époque où le nombre des associés s'est réduit à moins de *sept.*

I. *Arrivée du terme fixé.* — Je n'ai rien de particulier à dire sur ce mode de dissolution. Les principes du droit commun sont, en cette matière, en tous points applicables aux sociétés anonymes.

II. *Extinction de la chose.* — Ici encore je me référerai aux principes généraux ; cette cause de dissolution se présentera d'ailleurs assez rarement dans la pratique.

III. *Consommation de la négociation.* — C'est là la cause ja plus fréquente de la dissolution des sociétés anonymes. Toutes celles qui n'ont pas pour but une exploitation permanente, comme une compagnie de chemins de fer,

une fabrique de produits quelconques, finiront avec le travail qu'elles ont eu en vue d'accomplir. Mais ici encore
je ne trouve rien de particulier aux sociétés anonymes.

IV. *Volonté de la majorité des associés.* — Ce que le
consentement a formé, le même consentement peut le dé-
truire : la société n'ayant d'autre base que la convention
intervenue entre les associés, il est évident qu'une convention contraire suffit pour l'anéantir. Mais pour modifier, et à plus forte raison pour déchirer un contrat, on
exige ordinairement le même concours de volontés qui a
été nécessaire pour le conclure. Ici cette règle n'est
plus applicable : exigera-t-on, pour prouver la dissolution
de la société, le consentement unanime de tous les associés, si nombreux qu'ils soient ? Pour rentrer dans la
limite du possible, il faut regarder l'ensemble des associés
comme ne formant qu'un seul être dont la volonté sera
celle de la majorité des associés (1). C'est donc l'assemblée
générale des actionnaires qui aura à statuer sur la dissolution de la société, dans le cas où aucun terme n'aurait été
fixé. Si un terme a été convenu, l'assemblée générale n'en
pourra pas moins, en vertu de son droit de modifier les
statuts, avancer ce terme ou le reculer à son gré. Mais il
ne faut pas oublier que, quand il s'agit de modifier les
statuts, les assemblées générales doivent offrir certaines
garanties spéciales (2). Quant, au contraire, il s'agit seulement de mettre fin à une société qui n'avait point de
terme fixe, il suffit de la majorité dans une assemblée
ordinaire. J'ai déjà eu l'occasion de voir qu'il était plus
grave de changer le terme fixé d'avance que de mettre fin

(1) V. *suprà, Assemblées générales.*
(2) V. art. 31 (loi du 24 juillet 1867).

à une société dont la durée était illimitée : dans la société ordinaire, la volonté d'*un seul* suffit pour amener ce second résultat; le consentement de tous serait nécessaire pour le premier.

V. *Demande de toute partie intéressée après la perte des trois-quarts du capital social.* — L'assemblée générale n'est pas un pouvoir permanent : elle n'a point l'initiative de ses réunions. Comment pourra-t-elle être appelée, en cas de nécessité, à se prononcer sur l'utilité qu'il peut y avoir à dissoudre la société ? Il appartient aux administrateurs de provoquer une assemblée générale en dehors des assemblées annuelles obligatoires, chaque fois qu'une détermination grave doit être prise. Mais la loi ne s'est pas contentée de cette faculté laissée aux administrateurs : elle a prévu un cas spécial où, dans le danger imminent d'une perte totale, l'assemblée devait pouvoir être appelée à délibérer sur la suite à donner aux affaires sociales. En cas de perte des trois-quarts du capital, les administrateurs sont tenus de provoquer l'assemblée à l'effet de statuer sur la question de savoir s'il y a lieu de prononcer la dissolution de la société (1). La responsabilité qui pèserait sur les administrateurs négligents répond déjà du soin qu'ils auront d'obéir à cette injonction de la loi ; mais le législateur n'a pas encore vu là une garantie suffisante, et dans le péril pressant où se trouve alors la société, il a voulu lui ouvrir une dernière porte de salut : c'est ce que je vais examiner avec le dernier paragraphe de l'art. 37.

Si l'assemblée générale n'est point immédiatement réunie après la perte des trois-quarts du capital, toute partie

(1) Art. 37 (loi du 24 juillet 1867).

intéressée peut alors s'adresser aux tribunaux. Il semble que le rôle du tribunal devrait alors se borner à la convocation de l'assemblée générale qui seule aurait à statuer sur les mesures à prendre ; mais, prévoyant sans doute que les retards nécessités par la réunion des actionnaires empêcheraient le remède apporté à la situation d'arriver en temps opportun, le législateur a conféré aux tribunaux le pouvoir de dissoudre eux-mêmes la société, s'ils le jugent à propos.

La demande peut être portée devant le tribunal par tout intéressé, aussi bien par un tiers que par un associé, pourvu que ce tiers ait quelque intérêt, comme créancier par exemple, à arrêter la ruine de la société.

VI. *Réduction du nombre des associés à un chiffre inférieur à sept.* — J'ai vu, au chapitre II, que la loi exigeait, pour qu'une société pût se constituer sous la forme anonyme, la présence de *sept* associés au minimum. On a donné pour raison principale de cette disposition la nécessité de trouver au moins des individus différents pour composer les divers pouvoirs exigés par la loi dans les sociétés anonymes, assemblée générale, conseil d'administration, commissaires (1) : on ne conçoit guère, en effet, qu'une société puisse conserver tous ces éléments, en ayant moins de sept associés, et, dès lors, il était peut-être inutile de défendre à une société de se constituer dans des conditions où elle ne saurait trouver tous les éléments de son existence. De même notre article 38 semble édicter une disposition qui n'a guère plus d'utilité, en permettant de demander la dissolution dans le cas

(1) V. observation de M. Cornudet au Corps législatif, séance du 4 juin 1867.

où le nombre des associés est descendu à un chiffre insuffisant pour constituer les divers conseils. Toutefois, du moment où, au lieu de laisser à l'impossibilité même où l'on se fût trouvé le soin d'empêcher la formation de la société, on s'était attaché à ce nombre *sept*, il fallait aussi, dès que ce nombre *sept* cessait d'être atteint, ordonner la dissolution de la société. C'est ce qu'a fait l'art. 38 avec un tempérament qui ferait douter de l'impossibilité prétendue. En effet, ce n'est que lorsqu'il se sera écoulé un an depuis l'époque où il y aura eu moins de sept associés, que toute partie intéressée *pourra demander* la dissolution. Si on ne la demande pas, la société continuera donc ; si même on la demande, le tribunal pourra la refuser, et la société continuera encore. Que devient alors la prétendue impossibilité, seule base de l'art. 23 ? Il valait donc bien mieux, sans se fixer à aucun chiffre, dire simplement que la société ne pourrait s'établir ni fonctionner, si elle n'offrait point les différentes garanties exigées par la loi.

SECTION III. — LIQUIDATION ET PARTAGE.

La dissolution de la société marque l'instant où la personne morale cesse d'exister ; aucune nouvelle opération sociale ne pourra être commencée, et tout au plus donnera-t-on à celles qui le sont déjà la suite qu'elles comportent nécessairement. C'est donc au moment de la dissolution, ou à un moment qui en sera très-proche, que l'on pourra juger quel a été en définitive le résultat de l'entreprise ; le travail que l'on fera pour rechercher la situation exacte, au point de vue actif et passif, de la société, c'est la *liquidation*. Restera enfin une dernière opération, consistant à répartir entre chaque associé, suivant leurs droits respectifs, la masse formée par les liquidateurs : c'est le *partage*.

I. *Liquidation*. — Les principes sont ici absolument les mêmes pour les sociétés anonymes que pour les sociétés commerciales en général. L'organisation sociale étant dissoute avec la société elle-même, les liquidateurs devront être choisis par les associés, c'est-à-dire par l'assemblée générale : ils peuvent être pris parmi les associés, aussi bien qu'en dehors. Ils agiront, dans tous les cas, comme mandataires de la société, devront intenter les actions contre les débiteurs et défendre à celles de ses créanciers, et arriver ainsi à présenter le bilan exact des affaires sociales.

Une difficulté se présente, relative à la prescription spéciale établie par l'art. 64 du Code de commerce. On a pensé qu'après la dissolution d'une société commerciale, l'exercice des actions relatives à cette société devait être renfermé dans des limites plus étroites que celles du droit commun : laisser les associés sous le coup d'une poursuite, pendant trente années après l'époque où les affaires sociales ont dû être réglées définitivement, c'eût été les soumettre à une obligation d'autant plus lourde que les co-associés sont tenus solidairement, et que ce recours exercé contre eux pouvait l'être pour une dette contractée à leur insu. On a donc réduit à *cinq* années après la dissolution le délai pour la prescription de toutes actions contre les associés *non liquidateurs*.

J'examinerai d'abord quelle est la portée de ces mots « *non liquidateurs,* » qui semblent exclure complètement du bénéfice de l'art. 64 ceux des associés qui ont été choisis pour opérer la liquidation. Faut-il croire avec la majorité des auteurs (1) que l'associé liquidateur reste tenu personnellement des dettes sociales, au delà de la prescription quinquennale ordinaire? Pour moi, je ne saurais comprendre une telle rigueur; le liquidateur n'est que le mandataire de tous les associés; cette qualité de mandataire ne saurait avoir aucune influence sur la portée de ses engagements personnels en tant qu'associé. Pourquoi cette circonstance augmenterait-elle les droits des tiers, en leur conférant contre l'associé liquidateur une action non soumise à la prescription de l'art. 64? Je pense donc que ce fait, que le liquidateur est un associé, ne change rien à la situation respective des parties. Toutes les actions relatives à la société restent prescriptibles pour *cinq* ans, aussi bien en ce qui touche l'associé liquidateur que ses co-associés non liquidateurs. — Mais quel est alors le sens évidemment restrictif des mots *non liquidateurs* dans l'art. 64? La restriction porte sur les mots *toutes actions* qui commencent l'article : le législateur a voulu que *toutes actions* fussent prescrites contre les associés *non liquidateurs,* et par cela il indiquait que contre les liquidateurs toutes actions ne seraient pas prescrites par ce délai de cinq ans. Les actions qui sont ainsi mises en dehors de cette prescription spéciale sont celles mêmes qui sont nées de la liquidation, et auxquelles l'art. 64 ne s'appliquera pas.

L'art. 64, et la prescription spéciale qu'il édicte, régis-

***

(1) PARDESSUS, t. III, n° 190; TROPLONG, t. II, n° 151. — Arrêt de la Cour de Rouen, du 24 mars 1847. — V., en sens contraire, BRAVARD et DEMANGEAT, *Sociétés commerciales,* p. 306 et 307.

sent-ils toutes espèces de sociétés, ou faut-il, suivant l'avis de certains auteurs, n'en tenir aucun compte quand il s'agit de sociétés par actions (1)? A l'appui de cette deuxième opinion, on présente des arguments qui ne sont pas sans valeur. On remarque d'abord que l'art. 64, exigeant que certaines formalités de publicité soient remplies, renvoie seulement aux articles qui ont trait à la publicité des sociétés ordinaires, et non pas à celui qui s'occupe de la publicité des sociétés anonymes. N'est-ce pas là, cependant, donner une étrange portée à une énumération d'articles contenue dans une phrase incidente? Le législateur, s'il avait réellement voulu exclure la société anonyme de l'art. 64, aurait certainement trouvé une manière moins indirecte et plus claire d'exprimer sa pensée. — On s'attache ensuite, dans le système que j'expose, à démontrer que la raison même de l'art. 64 n'existe plus quand il s'agit de société anonyme : en effet, dit-on, ce que le législateur a voulu éviter ici, c'est la durée trop prolongée d'une solidarité très-lourde pour les associés. Or, cette solidarité n'existe pas pour les actionnaires d'une société anonyme. De plus, les associés ordinaires peuvent être poursuivis pour des engagements formés par leurs co-associés, sans que peut-être ils en aient jamais connu l'étendue; l'actionnaire, au contraire, ne saurait jamais être forcé qu'à compléter son propre engagement, et à faire les versements qu'il a promis.

Malgré ces considérations, je pense, avec la Cour de cassation (2), que l'art. 64 est trop formel dans sa généralité pour qu'il permette une distinction entre les diverses

(1) V. Bravard et Demangeat, *op. cit.*, p. 298, note 1.
(2) Arrêt du 21 juillet 1835.

sociétés : d'ailleurs, s'il est vrai que, parmi les raisons qui peuvent servir de base à la prescription quinquennale, il en est quelques-unes qui ne s'appliquent pas aux sociétés anonymes, il reste toujours le motif principal qui a inspiré le législateur, et qui n'est autre qu'une faveur accordée aux entreprises commerciales, et la nécessité de ne point entraver les affaires par des recours de trop longue durée. Cette faveur doit-elle être refusée aux grandes sociétés anonymes? Cette nécessité de régler promptement la situation n'est-elle pas encore ici bien plus évidente, et l'actionnaire doit-il être tenu plus rigoureusement que l'associé en nom collectif?

Ces difficultés une fois tranchées, la liquidation des sociétés anonymes ne présente plus, à ma connaissance, aucune controverse, et les règles du droit commun lui sont entièrement applicables.

II. *Partage.* — Ici encore les principes ordinaires doivent être suivis, avec cette simplification que la détermination des parts ne pourra donner lieu à aucune difficulté, la division en actions fixant d'avance exactement la quotité des droits de chacun.

CHAPITRE VI.

DE LA PUBLICITÉ A DONNER AUX SOCIÉTÉS ANONYMES (1).

Quand une convention est librement intervenue entre les parties, elle doit, à moins qu'elle ne soit contraire à l'ordre public ou à la morale, recevoir son plein et entier effet. Mais pour que la volonté soit libre, il faut avant tout qu'elle soit éclairée : les parties ne s'engagent librement que si elles connaissent, avec toutes les conséquences de leur engagement, toute l'étendue de leur droit, et aussi toutes les restrictions qu'il peut recevoir. Ces droits et ces obligations, quand il s'agit des sociétés anonymes, sont fixés par la loi d'abord, qui pose certains principes dont nul ne peut s'écarter, et ensuite par les statuts qui deviennent la loi des parties et modifient leurs rapports réciproques dans le cercle qui leur est laissé libre. On n'avait point à s'occuper de porter à la connaissance des intéressés la loi elle-même : il est de son essence d'être

(1) Ce n'est pas d'aujourd'hui que l'on songe à astreindre les sociétés à une publicité sérieuse. L'ordonnance de Blois, en 1579, exigeait déjà (art. 358) que « *toutes les sociétés entre étrangers fussent inscrites et enregistrées aux registres des bailliages et sénéchaussées, et hôtels communs des villes, où ils seraient tenus de nommer tous leurs participants ou associés, sous peine de faux.* » — L'ordonnance de 1629, dans son article 414, ajoute : « *Voulons que l'art. 358 de l'ordonnance de Blois, touchant la publication des associations entre marchands et désistement d'icelles, ait lieu entre nos sujets, ainsi qu'il est ordonné pour les étrangers.* »

publique, et nul n'est censé l'ignorer. Mais pour que les parties pussent agir en parfaite connaissance de cause, il fallait veiller à ce que rien ne pût leur être caché dans les clauses mêmes du contrat auquel elles étaient appelées à souscrire. Si cette condition était accomplie dans toute sa sincérité, si toute la portée des stipulations des statuts pouvait être connue et comprise du public, je ne concevrais plus alors qu'il s'élevât aucune objection contre la liberté des sociétés.

La publicité à donner aux sociétés anonymes devait donc être et fut, en effet, l'une des principales préoccupations du législateur de 1867 (1). Plus hardi dans cette matière spéciale que dans l'économie générale de la loi, il abrogea toute la législation antérieure relative à la publicité (2), et édicta de nouvelles dispositions générales.

La publicité imposée aux sociétés commerciales en général et aux sociétés anonymes en particulier se compose de deux formalités distinctes : 1º le dépôt aux greffes de l'acte de société; 2º l'insertion d'un extrait dans un ou plusieurs journaux.

Le délai dans lequel cette double disposition doit être observée est *d'un mois à partir de la constitution.* Le moment où la société anonyme est constituée est fixé par la loi elle-même (art. 25) : c'est celui de l'acceptation de leurs fonctions par les administrateurs et commissaires nommés en assemblée générale. C'est donc dans le mois qui suit cette acceptation que doivent être faites les publications prescrites par le titre IV de la loi de 1867.

(1) V., sur ce sujet et sur les nouveaux moyens de publicité proposés, le premier rapport de M. Mathieu au Corps législatif.

(2) « Art. 65. Sont abrogées les dispositions des art. 42, 43, 44, 45 et 46 du Code de commerce. »

Le but que l'on veut atteindre est, je l'ai dit, de porter à la connaissance du public les clauses du contrat qu'on lui propose ; et on voit qu'ici la première formalité de publicité n'est imposée par la loi que bien long-temps après la souscription faite par le public. Ces pres-criptions, utiles pour prévenir les tiers des garanties que peut leur offrir la société une fois organisée, ne peuvent donc en rien faire connaître, à ceux qui se portent comme souscripteurs, les conditions qui leur sont faites. Or, qui ne sait que, quand il s'agit de sociétés anonymes, le grand danger contre lequel le législateur avait à se prémunir, c'est cet entraînement du public vers une entreprise qui souvent ne le tente que précisément parce qu'il n'en con-naît pas les chances bonnes et mauvaises? J'aurais donc compris une publicité anticipée, une insertion intégrale dans les journaux des statuts projetés (1) (qui, en fait, de-viennent presque toujours les statuts définitifs), insertion qui aurait dû être faite avant l'ouverture de la souscrip-tion.

La loi ne s'est occupée de la publicité précédant la formation de la société que pour empêcher certaines in-dications trompeuses, en édictant les pénalités que j'ai étudiées avec l'art. 15 (2). Ne pouvait-on pas aller plus loin et, non content de punir le mensonge, forcer la société qui fait appel au public à faire connaître toute la vérité, en publiant un projet de statuts?

Je ne trouve dans la loi qu'une seule disposition qui pourrait obvier à ces inconvénients; mais j'ai quelque hésitation sur la portée qu'il est possible de lui donner.

(1) V. chap. III, p. 96.
(2) V. pag. 95.

L'art. 63, après avoir édicté que les pièces déposées aux greffes, conformément à l'art 55, seront à la disposition du public, ajoute : « Toute personne peut également exiger « qu'il lui soit délivré, au siége de la société, une copie « certifiée des statuts, moyennant paiement d'une somme « qui ne pourra excéder 1 fr. — Les pièces déposées « doivent être affichées d'une manière apparente dans les « bureaux de la société. » Si cette obligation de délivrer une copie certifiée des statuts était imposée avant la formation de la société, j'y verrais une garantie pour le public qui veut s'éclairer. Mais je reconnais qu'il n'est guère possible d'appliquer cette disposition à une société qui n'est point encore constituée : ces statuts, en effet, ne sont encore qu'à l'état de projet ; d'ailleurs, à quel moment commencerait l'obligation d'en donner copie ? Je suis donc forcé d'admettre, quoique à regret, que la société ne peut être forcée de délivrer aucune copie, si ce n'est après l'expiration des délais accordés pour l'accomplissement des autres formalités. C'est ce qui semble résulter, du reste, de la place même qu'occupe dans l'article la disposition dont il s'agit, immédiatement après celle qui parle de la communication des pièces déposées aux greffes, et avant celle qui ordonne l'affichage de ces mêmes pièces dans les bureaux de la société.

J'avais donc raison de dire que la législation n'avait organisé aucun moyen de faire connaître d'une façon certaine les statuts de la société avant sa constitution. Je sais que ces statuts ne sont encore qu'à l'état de projet, et que chaque actionnaire acquiert par sa souscription même le droit de prendre part au vote qui doit les approuver ou les modifier : mais est-ce une garantie bien sérieuse que l'influence que peut se promettre chaque actionnaire sur les délibérations de l'assemblée pour faire écarter une clause dont il ne voudrait pas? Et qui ne sait qu'en fait les statuts proposés par les fondateurs sont presque toujours ceux qui régissent définitivement la société? Dès lors, pourquoi ne pas créer de dispositions pour les porter à la connaissance du public?

Cette lacune une fois constatée, je passe à l'examen des dispositions légales. J'ai déjà dit que la publicité organisée par la loi comprenait deux formalités différentes ; je les étudierai successivement, en remarquant qu'elles concourent à un but unique, celui de faire connaître aux tiers qui veulent traiter avec la société, ou même y entrer comme actionnaires, les clauses des statuts.

I. *Dépôt aux greffes.* — L'acte constitutif de la société doit être déposé aux greffes du tribunal de commerce et de la justice de paix. Le dépôt n'était ordonné par le Code de commerce qu'au greffe du tribunal ; il doit être fait maintenant au greffe de la justice de paix, et l'on comprend que, lorsque le chef-lieu d'arrondissement n'est pas en même temps le chef-lieu de canton, cette double publicité offre des avantages sérieux.

Quelles sont maintenant les pièces qui doivent être déposées aux greffes ?

1° C'est d'abord un double de l'acte constitutif s'il est sous seing privé, une expédition s'il est notarié : cette distinction n'est que la conséquence forcée du choix laissé aux parties entre la forme sous seing privé et la forme authentique. Mais en matière de société anonyme, les intérêts sont assez importants pour qu'on ne néglige pas en fait de confier à un notaire la rédaction de l'acte de société.

2ᵉ En matière de société ordinaire, le dépôt de l'acte constitutif suffit, parce que dès que le contrat est signé, la société se trouve constituée. J'ai vu qu'au contraire, en matière de société anonyme, la loi exigeait, avant de reconnaître l'existence de la société, l'accomplissement de formalités nombreuses. L'accomplissement de ces formalités devait être constaté publiquement. La seconde pièce à produire, après l'acte constitutif, sera donc la déclaration des fondateurs dans un acte notarié, constatant la souscription totale du capital social et le versement du quart.

3º Une liste des souscripteurs primitifs devra être jointe aux pièces déposées. La loi ayant cru devoir leur imposer une responsabilité qui survit à la possession même de leurs titres, les noms de ces premiers souscripteurs devaient être connus d'une façon officielle. Le public, qui compte sur cette garantie, a intérêt à connaître « les noms, prénoms, qualités et demeures de ces actionnaires, et le nombre d'actions souscrites par chacun d'eux. »

4º Pour que la société soit constituée, il faut encore que la déclaration imposée aux fondateurs, en ce qui concerne la souscription du capital et le versement du quart, soit soumise à l'approbation de la première assemblée générale, qui en vérifie la sincérité. Il doit être déposé aux greffes une *copie certifiée* de cette délibération de l'assemblée.

5º Les apports devant être également soumis à l'approbation de la première assemblée générale, il doit être aussi annexé aux pièces déposées aux greffes une *copie certifiée* de la délibération de l'assemblée en ce qui concerne ces apports.

Telles sont les pièces qui doivent, dans tous les cas, être

déposées aux greffes lors de la constitution de la société. Mais il peut survenir plus tard, dans les bases mêmes de la société, des changements qu'il importe de porter à la connaissance du public. C'est cette publication par le dépôt aux greffes qu'ordonne l'art. 61 :

6° « Tous actes et délibérations ayant pour objet la modification des statuts, la continuation de la société au-delà du terme fixé pour sa durée, la dissolution avant ce terme et le mode de la liquidation » seront déposés aux greffes. Je n'ajoute pas avec l'article : « tout changement de retraite d'associés et tout changement à la raison sociale, » parce que ces hypothèses ne peuvent présenter quelque intérêt que dans les sociétés en nom collectif ou en commandite.

7° « Sont également soumises aux dispositions des art. 55 et 56 (dépôt aux greffes et insertions dans les journaux) les délibérations prises dans les cas prévus par les art. 19, 37, 46, 47 et 49 (1). » L'art. 49 est relatif aux sociétés à capital variable, les art. 19, 46 et 47 à la transformation des sociétés en commandite, ou anonymes autorisées, en sociétés anonymes telles que la loi de 1867 les établit ; enfin l'art. 19 vise un cas de dissolution anticipée qui aurait pu rentrer sous l'application du 2⁰ alinéa de l'art. 61.

Le dépôt aux greffes de toutes les pièces que je viens de passer en revue n'a d'autre but que de porter à la connaissance du public les faits dont elles font foi : la loi devait donc permettre à tous de les consulter. Aussi l'art. 63 déclare que « *toute personne* a le droit de prendre communi-

______

(1) Art. 61, *in fine.*

cation des pièces déposées aux greffes de la justice de paix et du tribunal de commerce, ou même de s'en faire délivrer à ses frais une expédition ou un extrait par le greffier ou le notaire détenteur de la minute. »

L'art. 42 du Code de commerce ordonnait que les pièces produites seraient affichées pendant trois mois dans la salle des audiences du tribunal de commerce. Ce mode de publicité ordonné par nos différents Codes es: aujourd'hui regardé comme complètement illusoire. Les affiches se couvrent de poussière avant que personne ne soit venu les consulter. « C'était là l'apparence et non la réalité d'une publication sérieuse (1). » Le législateur a donc supprimé cette formalité, ou plutôt l'a remplacée par une autre : ce n'est plus dans la salle des audiences, c'est *dans les bureaux de la société, d'une manière apparente*, que doivent être affichées toutes les pièces déposées (art. 63).

Enfin une dernière garantie pour le public, inscrite également dans l'art. 63, consiste dans l'obligation imposée à la société de délivrer, à tous ceux qui le demanderont, un exemplaire des statuts, moyennant paiement d'une somme qui ne pourra excéder *un franc* : c'est au siége de la société que l'on pourra toujours se faire délivrer cette copie, qui doit être *certifiée* par les signatures des directeurs et des administrateurs.

II. *Insertion dans les journaux.* — La presse, avec l'importance qu'elle a acquise de nos jours, présentait un moyen de publicité trop efficace pour que le législateur n'ait pas songé à l'utiliser. Le Code de commerce, à son origine, n'avait pu penser à se servir de la presse, qui ne

____

(1) V. premier rapport de la commission, sur le titre V.

faisait alors que naître ; mais les progrès qu'elle fit au milieu des luttes politiques de la Restauration lui donnèrent un développement qui devait attirer l'attention de ceux qui recherchaient un mode sérieux de publicité. Aussi, en 1833 (1), le législateur ordonna que certaines publications légales seraient faites dans les journaux, le choix des feuilles qui devaient profiter de ces annonces légales étant laissé aux tribunaux de commerce. Une loi du 2 juin 1841, modifiant l'art. 676 du Code de procédure civile, conféra ce pouvoir aux cours royales ; un instant laissée aux parties par la loi du 8 mars 1848, la faculté de choisir les journaux dans lesquels seraient faites ces annonces fut donnée aux préfets en vertu du décret du 22 février 1852. La loi de 1867, sans changer en rien le mode de désignation des journaux, a maintenu en l'étendant le principe de la publication par la voie de la presse d'un extrait des actes de société.

Cet extrait doit contenir :

1° L'énonciation de l'espèce de société. Si elle est anonyme, elle doit faire connaître de suite ce caractère, afin qu'il soit bien entendu dès l'origine qu'elle n'offre d'autres garanties que des *capitaux*, en dehors de toute responsabilité personnelle. (Art. 58, 1er alin.)

Toute erreur sur la nature même de la société pourrait, on le conçoit aisément, être fort dangereuse. La loi, dans sa légitime préoccupation des fraudes, devait prévoir qu'une société anonyme pourrait dissimuler sa véritable nature et tromper ainsi le public sur l'étendue des garanties qu'elle offrait : on a donc exigé que dans tous les actes, factures, annonces, publications et autres docu-

____

(1) Loi du 31 mars 1833, modifiant l'art. 42 du Code de commerce.

ments imprimés ou autographiés, émanés des sociétés anonymes, la dénomination sociale fût toujours précédée ou suivie immédiatement de ces mots inscrits lisiblement en toutes lettres : *Société anonyme*, et de l'énonciation du capital social.

2° Les noms des associés autres que les actionnaires ou commanditaires. — Ce paragraphe n'est nullement applicable aux sociétés anonymes, qui ne comportent que des associés simplement *actionnaires*.

3° La raison de commerce ou la dénomination adoptée par la société. — Cette dénomination, quand il s'agit d'une société anonyme, n'a pas l'importance des raisons de commerce ordinaires, car elle ne saurait jamais comprendre le nom d'associés quelconques dont la solvabilité serait une garantie pour les tiers. La société anonyme prend ordinairement un titre indiquant le but qu'elle se propose.

4° L'indication du siége social.

5° La désignation des associés autorisés à gérer, administrer et signer pour la société. — Cette désignation ne fait point ici partie du pacte social, car les administrateurs ont des pouvoirs temporaires, et une nouvelle élection peut leur substituer d'autres associés dont les noms n'auront point figuré dans l'extrait publié. Je pense néanmoins, quoique cette disposition ait évidemment plus spécialement en vue les sociétés anonymes ou en commandite, que l'extrait devra contenir les noms des premiers administrateurs et directeurs.

6° Le montant du capital social et le montant des valeurs fournies ou à fournir par les actionnaires. Le capital social représente la garantie offerte aux tiers qui traitent avec la société ; mais cette garantie peut être plus ou moins réelle, suivant que le capital aura été versé en totalité, ou en partie seulement. Pour que la société ne puisse pas offrir une garantie illusoire, il fallait donc ajouter, à la désignation du capital, celles des valeurs fournies par les actionnaires. Ces valeurs peuvent être de deux sortes : elles comprennent en effet l'argent versé par les actionnaires, et les valeurs quelconques apportées à la société par les fondateurs et estimées par l'assemblée générale elle-même.

7° L'époque où la société commence, celle où elle doit finir, et la date du dépôt aux greffes de la justice de paix et du tribunal de commerce.

En énumérant les pièces qui doivent être déposées aux greffes, j'ai vu que certains événements survenus au cours de l'exercice de la société étaient assujetties à la même publicité qui avait accompagné son organisation. Outre le dépôt aux greffes, une insertion spéciale dans les journaux devra également être faite de tous les actes et délibérations portant modifications des statuts, etc. (1).

Il me reste à indiquer la sanction de toutes ces dispositions tendant à la publicité. Cette sanction est fort différente suivant qu'il s'agit de l'accomplissement des formalités regardées par la loi comme *essentielles*, le dépôt aux greffes et l'insertion dans les journaux, ou seulement de l'inobservation de certaines dispositions considérées comme secondaires.

Je m'occuperai d'abord des formalités les moins graves, qui sont celles ordonnées par les articles 63 et 64 de la loi : la première est l'obligation de délivrer à tous ceux qui

(1) V. *suprà*, p. 163, n°s 6 et 7.

viendront le demander au siége de la société une copie certifiée des statuts, au prix *maximum* de 1 franc ; la seconde est l'obligation de tenir constamment affichées dans les bureaux les pièces déposées aux greffes ; enfin la troisième est la défense de lancer aucun imprimé, quel qu'il soit, sans cette mention lisible et apparente : *Société anonyme*. Toute contravention à l'une de ces trois dispositions est punie d'une amende de 50 à 1,000 fr. Quoique les mots de la loi : « *toute contravention aux dispositions qui précèdent,* » se trouvent placés à la fin de l'art. 64 et ne se réfèrent pas nécessairement à l'art. 63, je pense qu'il faut appliquer sans hésitation cette pénalité à toutes les dispositions énoncées dans les deux articles ; autrement l'art. 63 resterait sans aucune sanction, et cette extension de la pénalité édictée résulte du reste fort clairement de quelques mots prononcés dans la discussion de la loi (1).

La condamnation à l'amende devra être prononcée contre la société elle-même qui, vis-à-vis du public, est responsable de toute inobservation des formalités légales ; mais la société aura un recours contre les directeurs ou les administrateurs qui devaient veiller à l'exécution de ces formalités, et qui doivent, en définitive, supporter seuls la conséquence de leurs fautes.

Je passe à la seconde sanction dont j'ai parlé, à celle qui assure l'observation des formalités regardées comme essentielles par la loi. Cette sanction, c'est la nullité même de la société, et elle s'applique aux cas où l'on aura omis le dépôt aux greffes ou l'insertion dans les journaux.

J'ai dit au commencement de ce chapitre, et j'ai cru

(1) Corps législatif, séance du 13 juin 1867.

constater ainsi une lacune, que les formalités de publicité ordonnée par la loi ne pouvaient avoir quelque efficacité que vis-à-vis des tiers et non pas vis-à-vis du public appelé à entrer dans la société comme souscripteurs. La loi semble ici reconnaître elle-même l'insuffisance de la publicité qu'elle ordonne, et la sanction qu'elle édicte vient donner la mesure de la portée qu'elle attache à ses dispositions. En effet, toute nullité qui est le résultat de l'inobservation de formalités quelconques est une nullité relative, et son caractère est de ne pouvoir être invoquée que par ceux-là mêmes que les formalités omises devaient protéger. Or, ici les publications n'ayant pas eu lieu, quel sera le caractère de la nullité encourue? L'art. 56 le dit expressément : « Le défaut d'aucune de ces publications ne pourra être opposé aux tiers par les associés. » Étant une fois admis que ces publications n'ont d'autre but que de prévenir les tiers, la portée donnée à la nullité est la conséquence même des principes, et il ne peut s'élever aucune difficulté sur l'application de l'art. 56.

POSITIONS.

DROIT ROMAIN.

I. Là société ne constituait pas en général une *univer-sitas juris.*

II. Le droit des associés dans la société est un véritable droit de co-propriété.

III. Le dommage causé à la société par le tiers *(croupier)* que l'un des contractants a associé à sa part ne peut être compensé avec les profits que ce tiers aurait d'ailleurs procurés à la société par son industrie.

IV. Les associés ne sont point tenus solidairement des dettes de la société ; ils n'en répondent que pour la part proportionnelle au droit qu'ils ont dans la société.

V. Si les parts de chaque associé n'ont point été fixées à l'avance, on devra faire un partage égal *par tête.*

HISTOIRE DU DROIT.

I. La société *à responsabilité limitée* fut complètement inconnue chez les Romains.

II. On peut voir l'origine de nos sociétés anonymes dans la *Compagnie des Isles d'Amérique,* formée en 1626.

III. La société anonyme, sous l'ancien droit, constituait *par exception* une *personne morale.*

IV. L'autorisation donnée par le gouvernement aux anciennes compagnies avait pour but de leur conférer des priviléges ou des monopoles, et non de permettre la limitation de la responsabilité, clause licite par elle-même.

DROIT FRANÇAIS.

I. La clause limitant la responsabilité d'associés quelconques n'a besoin, en principe, pour être valable, d'aucune intervention du pouvoir exécutif ou législatif.

II. Le caractère de *personnalité* qui appartient aux sociétés anonymes n'est point une *faveur* accordée par la loi, mais bien la conséquence forcée des principes.

III. Dans les sociétés de *capitaux,* comme les sociétés anonymes, l'action est *négociable de sa nature.*

IV. L'assemblée générale, constituée conformément à l'art. 31, a pleins pouvoirs pour faire elle-même, ou pour ratifier toute modification quelconque aux bases fondamentales du contrat primitif.

V. La nullité prononcée par l'art. 41 est absolue en ce sens qu'elle peut être invoquée même par les associés contre les tiers.

VI. Au contraire, la nullité prononcée par l'art. 56 est toute relative et ne peut être opposée aux tiers par les associés.

VII. Le vote d'une assemblée générale ordinaire suffit pour mettre fin à une société n'ayant point de terme fixé, tandis qu'il faudrait, pour changer le terme fixé par les statuts, une assemblée spéciale constituée conformément à l'art. 31.

VIII. L'art. 64 du Code de commerce doit être entendu non pas en ce sens que, contre l'associé liquidateur, toutes actions quelconques, même celles résultant de la société elle-même, seraient exceptées de la prescription spéciale établie par cet article, mais seulement en ce sens que cette prescription spéciale ne s'applique pas aux actions résultant, contre l'associé liquidateur, de la liquidation même.

DROIT DES GENS.

Toute société anonyme étrangère, constituée conformément aux lois de son pays, peut exercer ses droits devant les tribunaux français, quand bien même elle ne présenterait pas toutes les garanties exigées par la loi française.

DROIT CRIMINEL.

I. Cette partie de l'art. 13 : « Est puni de la même « peine le gérant qui commence les opérations sociales

« avant l'entrée en fonctions du conseil de surveillance, »
doit être étendue aux sociétés anonymes et s'appliquer au
cas où un fondateur aurait commencé les opérations avant
l'entrée en fonctions du conseil d'administration.

II. L'amende portée contre ceux qui ont pris part à une
négociation d'actions faite non conformément aux prescriptions légales, peut être prononcée contre le cessionnaire qui s'est rendu acquéreur de ces actions.

TABLE DES MATIÈRES.

Vu par le Doyen.

G. COLMET-DAAGE.

Vu par le Président de la thèse.

A. BATBIE.

Vu et permis d'imprimer.

Le Vice-Recteur de l'Académie de Paris,

A. MOURIER.

Orléans, imp. de G. Jacob.

9 782019 655716